PRÉCIS HISTORIQUE

SUR LES

CODES FRANÇAIS.

PARIS. — IMPRIMERIE DE Ve DONDEY-DUPRÉ,
rue Saint-Louis, 46, au Marais.

PRÉCIS HISTORIQUE

SUR LES

CODES FRANÇAIS

ACCOMPAGNÉ

DE NOTES BIBLIOGRAPHIQUES FRANÇAISES ET ÉTRANGÈRES

SUR LA GÉNÉRALITÉ DES CODES

ET SUIVI D'UNE DISSERTATION SUR LA CODIFICATION.

PAR C. SERUZIER,

DOCTEUR EN DROIT, AVOCAT A LA COUR ROYALE DE PARIS.

> Le Droit français gagne l'Europe presque aussi rapidement que la langue française.
> (Michelet, *Origine du Droit français*, p. 121 de l'Introduction.)

PARIS.

VIDECOQ PÈRE ET FILS, ÉDITEURS,

1, PLACE DU PANTHÉON.

1845

1844

PRÉFACE.

Ce travail était destiné tout entier à l'Encyclopédie du Droit (1) ; mais le cadre essentiellement pratique de cet ouvrage ne lui ayant permis de l'accepter que dans certaines parties, je me suis décidé à le publier séparément, tel que je l'avais présenté. J'ai été guidé dans cette détermination par le désir d'être utile aux jeunes élèves en droit, qui, transportés tout à coup des colléges dans nos écoles, ignorent complétement l'histoire de nos codes, leur influence sur la législation

(1) *Répertoire raisonné de législation et de jurisprudence*, publié sous la direction de MM. Sebire et Carteret, avocats à la Cour royale; chez Videcoq père et fils, place du Panthéon.

étrangère, les noms des auteurs dont les ouvrages vont désormais remplacer entre leurs mains Virgile et Homère, et n'ont aucune idée de la lutte juridique qui existe entre les deux pays de l'Europe où les armes de l'intelligence sont le plus exercées, l'Allemagne et la France.

Ce précis historique les initiera à la connaissance de l'ensemble de notre législation, leur apprendra les principes qui y dominent, ceux que des modifications postérieures y ont apportés, et ceux même que les législations étrangères ont acceptés ou repoussés. Le bulletin bibliographique français qui suit la notice historique sur chaque code, leur fera connaître les noms vénérés des maîtres de la science du droit actuel et les différents mérites qui les distinguent ; le bulletin bibliographique étranger, en leur désignant les travaux de l'Allemagne sur les diverses parties de notre droit, leur inspirera le désir de les connaître ; enfin la dissertation sur la codification qui clot cet opuscule, en leur exposant les principes de l'école historique allemande, ceux de l'école pratique française, leur permettra d'apprécier les avantages immenses de notre législation, et surtout la position véritable de la France, qu'un ancien ministre de l'instruction publique nous semble avoir très-justement déterminée dans les termes suivants :

« La France a passé, si on peut parler ainsi, l'âge des spéculations et des théories ; les idées générales, les principes abstraits ont fait leur temps chez nous. Avant 1789, l'esprit français était éminemment philosophique ou croyait l'être. La philosophie était invoquée partout, dans l'histoire, dans les sciences, dans la politique, et, si l'on s'en souvient, dans les finances mêmes. On la trouvait dans les écoles, dans la magistrature, au barreau. C'est le propre des peuples en travail. Mais lorsque les révolutions sont venues, lorsque surtout elles ont donné les biens dont on était préoccupé, conquis les droits qu'on ambitionnait, alors les esprits s'arrêtent, ils redescendent des hautes théories à des idées plus positives et désormais plus utiles ; ils ne spéculent plus, ils appliquent. Les sciences d'application prennent pour longtemps la place de toutes les autres. Voilà le point où est la France. Ce caractère n'est pas un signe de faiblesse et d'infériorité ; c'est le résultat de toutes nos conquêtes, c'est le témoignage de tous nos progrès. »

En nous appropriant ces paroles, avons-nous besoin de dire, que nous ne voulons pas, non plus sans doute que leur illustre auteur (1), repousser les études philosophiques ou ce qu'on appelle la philosophie du droit? Nous reconnaissons bien au contraire leur utilité et les appelons à notre aide, pour donner plus d'ascendant à nos lois, pour leur créer une interprétation à la fois plus large et plus élevée, mais non pas pour les mettre perpétuellement en question, comme le fait l'école historique allemande.

En commençant mes études de droit, j'ai senti moi-même le besoin d'un petit livre qui, lu en quelques jours, pût me donner des idées d'ensemble sur l'étude à laquelle j'allais désormais me livrer, me fît connaître le milieu nouveau où j'allais vivre. Messieurs les savants professeurs de l'École de Droit, se renfermant chacun dans sa spécialité, ne m'ont présenté que des fragments,

(1) C'est ce qu'a prétendu M. Edouard Laboulaye en critiquant ces paroles de M. de Salvandy, dans un écrit du reste fort remarquable intitulé : *De l'enseignement du Droit en France et des réformes dont il a besoin*, 1839.

et j'ai dû suivre leurs cours pendant trois ans au moins, avant de pouvoir me reconnaître et acquérir ces vues d'ensemble si nécessaires, comme introduction à l'étude du droit. C'est à ce besoin que je crois répondre en publiant ces pages. Puissé-je ne m'être pas trompé ! Je n'ignore pas qu'une sage prévoyance a fait créer, depuis quelque temps, une chaire d'introduction à l'étude du droit, à l'École de Paris, et qu'elle est dignement occupée par l'un des plus savants professeurs; mais son but est beaucoup plus vaste, beaucoup plus scientifique que celui modeste et tout pratique que je me suis proposé.

PRÉCIS HISTORIQUE

SUR LES

CODES FRANÇAIS.

1. Le mot code, *codex* en latin, signifie, dans l'acception la plus générale, recueil de droit ou de lois, soit qu'il émane du législateur, ou seulement qu'il soit dû au travail privé de quelques jurisconsultes. (*Encyclop. méth.*; *Répertoire* de Merlin, v° Code.) On l'entend de même en droit romain, où l'on donne le nom de code aux compilations de Grégoire et Hermogène, simples jurisconsultes, ainsi qu'à celles de Théodose et Justinien.

2. Ce mot paraît devoir prendre, dans notre législation, une acception plus restreinte et en même temps plus scientifique. D'abord il ne s'attache pas à un recueil de lois qui n'auraient pas de relations entre elles, à une compilation sans ordre; il faut que la loi ou le corps de lois ainsi dénommé présente un système complet de législation sur certaine matière. C'est aussi le sens de ce mot d'après le Dictionnaire de l'Académie. Il nous

semble, en second lieu, que les jurisconsultes s'accordent généralement à ne désigner sous ce nom que les lois que le législateur a ainsi qualifiées, comme les six recueils qu'il a appelés Code civil, Code de procédure civile, Code de commerce, Code d'instruction criminelle, Code pénal et Code forestier. Les lois sur la pêche fluviale, la police rurale, les délits militaires; les lois constitutionnelles, les lois sur la presse, etc., bien que pouvant renfermer un système complet de législation sur ces diverses matières, ne portent pas ce titre ou ne le portent qu'arbitrairement, parce que le législateur ne les a pas ainsi désignées (1). On doit reconnaître que cet accord des jurisconsultes tend à assurer plus d'harmonie dans les citations; nous ne parlerons donc que des codes proprement dits.

3. Pour éviter toute confusion, nous traiterons séparément de ces divers recueils, et chacun formera un article divisé en trois paragraphes, dont le premier aura pour objet l'histoire, la composition et la promulgation; le second, les modifications apportées depuis la promulgation jusqu'à ce jour; le troisième, un bulletin bibliographique français et étranger. Un article divisé en deux paragraphes, sur le droit ancien et le droit intermédiaire, précédera le Code civil. Les Codes d'instruction criminelle

(1) C'est donc arbitrairement qu'on donne à la loi des 30 septemb.-19 oct. 1791, qui traite de la juridiction, des délits et des peines concernant les militaires, le titre de Code militaire, et à la loi des 28 sept.-6 oct. 1791, relative spécialement aux délits ruraux, le titre de Code rural.

et pénal, à raison de leur grande liaison, formeront un seul article, divisé comme les autres codes. Nous terminerons par un court exposé en deux articles sur l'application des codes dans les colonies, leur introduction et leur influence dans les états étrangers.

Voici du reste le tableau de cette division :

ART. 1er. — § 1er. — DROIT ANCIEN. — RECUEILS DES LOIS ANTÉRIEURES AUX CODES.
§ 2. — DROIT INTERMÉDIAIRE. — ESSAIS DE CODIFICATION.
ART. 2. — DU CODE CIVIL.
§ 1er. — TRAVAUX PRÉPARATOIRES. — COMPOSITION. — PROMULGATION.
§ 2. — DES MODIFICATIONS APPORTÉES AU CODE CIVIL DEPUIS SA PROMULGATION.
§ 3. — BULLETIN BIBLIOGRAPHIQUE FRANÇAIS ET ÉTRANGER.
ART. 3. CODE DE PROCÉDURE CIVILE.
§ 1er. — COMPOSITION, HISTOIRE ET PROMULGATION.
§ 2. — MODIFICATIONS APPORTÉES AU CODE DE PROCÉDURE CIVILE DEPUIS SA PROMULGATION.
§ 3. — BULLETIN BIBLIOGRAPHIQUE FRANÇAIS ET ÉTRANGER.
ART. 4. — CODE DE COMMERCE.
§ 1er. — COMPOSITION, HISTOIRE ET PROMULGATION.
§ 2. — MODIFICATIONS APPORTÉES AU CODE DE COMMERCE DEPUIS SA PROMULGATION.
§ 3. — BULLETIN BIBLIOGRAPHIQUE FRANÇAIS ET ÉTRANGER.
ART. 5. — CODES D'INSTRUCTION CRIMINELLE ET PÉNAL.
§ 1er. — COMPOSITION, HISTOIRE ET PROMULGATION.
§ 2. — MODIFICATIONS APPORTÉES AUX CODES D'INSTRUCTION CRIMINELLE ET PÉNAL.
§ 3. — BULLETIN BIBLIOGRAPHIQUE FRANÇAIS ET ÉTRANGER.
ART. 6. — CODE FORESTIER.
§ 1er. — COMPOSITION, HISTOIRE ET PROMULGATION.
§ 2 — MODIFICATIONS APPORTÉES AU CODE FORESTIER.
§ 3. — BULLETIN BIBLIOGRAPHIQUE FRANÇAIS.
ART. 7. — APPLICATION DES CODES DANS LES COLONIES.
ART. 8. — INTRODUCTION DES CODES FRANÇAIS DANS LES PAYS ÉTRANGERS.

ART. 1er. — § 1er. — DROIT ANCIEN. — RECUEILS DES LOIS ANTÉRIEURES AUX CODES.

4. Avant 1789, la France n'avait aucun code de lois générales qui fût en vigueur dans toutes les parties de la domination française. Deux législations rivales se partageaient ses provinces, les coutumes dans le Nord, et le droit romain ou droit écrit dans le Midi. Les ordonnances du roi seules, sous le bon plaisir des parlements qui s'étaient arrogé le droit de sanction par l'enregistrement, avaient force obligatoire pour toute la France. Cette division législative de la France est bien digne de remarque, quand on sait que l'influence romaine s'est fait sentir presque également sur le Nord et le Midi. Montesquieu s'en est étonné lui-même, et il l'attribue aux grands avantages que les Francs, conquérants du Nord, accordèrent aux vaincus, barbares ou Romains, qui consentirent à vivre sous la loi salique. On sait, en effet, que cette loi consacrait une grande différence dans la composition, *Weregeld*, qui devait être payée, à titre d'indemnité, pour le meurtre d'un Romain tributaire, d'un Franc ou d'un homme vivant sous la loi salique, à la famille de la victime. (*Loi salique*, tit. 44.) Chacun fut alors porté à rechercher la loi qui accordait plus de protection à la personne, en attachant une plus grande peine aux atteintes dont elle pouvait être l'objet. Telle paraît être la cause de l'abandon du droit romain dans le Nord. (Montesquieu, *de l'Esprit des lois*, liv. 28, chap. 3 et 4.)

Cette diversité de législation, et dans les parties septentrionales de la France, le grand nombre de coutumes différentes dont le ressort respectif n'était souvent séparé que par un ruisseau, un chemin, formaient des obstacles naturels et presque insurmontables à l'unité nationale (1). Aussi Louis XI, sous le règne duquel quatre provinces furent réunies à la France, la Bourgogne, la Provence, le Maine, l'Anjou, et qui le premier (2) comprit les immenses avantages de cette unité,

---

(1) On n'est pas d'accord sur le nombre des coutumes. — Il y en avait plus de trois cents selon Ferrière (*Dictionnaire de Droit et de pratique*, v° Coutume); cent quarante-quatre selon Voltaire (*Dictionnaire philosophique*, même mot); deux cent quatre-vingt-cinq suivant Fleury (*Précis historique du Droit français*), et d'après lui, Thomas (*Éloge de Daguesseau*); cinq cent cinquante, dit M. Dupin dans sa dissertation en tête des *OEuvres de Pothier*.

Dans ces différents nombres sont comptées soixante coutumes générales, c'est-à-dire observées dans une province entière.

(2) Louis XI est le premier qui, dans des vues d'unité nationale, ait songé à donner à la France une législation uniforme. Les établissements de saint Louis, qui ne pouvaient avoir force de loi que dans ses domaines, dans les pays de *l'obéissance-le-roi*, n'étaient certainement pas faits dans cette intention. Louis XI, au contraire, exerçait son empire despotique sur toutes les provinces de France; et la réunion de nouvelles, qui, suivant l'usage, s'étaient réservé le maintien de leurs coutumes et privilèges, devait lui faire sentir encore davantage le besoin de cette unité. Quant à la rédaction des coutumes, faite par Charles VII, elle paraît n'avoir été inspirée que par le désir de réprimer les abus résultant des enquêtes par turbes, ayant pour but

forma-t-il le projet d'établir l'uniformité des lois, en même temps qu'il voulait fonder un système commun des poids et mesures, et préludait à ces heureuses innovations par l'institution des postes. (Philippe de Commines.) Mais la mort le surprit au milieu de ces nobles efforts, qui sont un contraste avec les habitudes cruelles de ce prince à qui l'on ne peut refuser, du reste, le titre de profond politique.

5. Une pensée aussi favorable à la monarchie ne pouvait être abandonnée. Henri III annonça aux états de Blois son dessein de reprendre la conception de Louis XI (1588). Il chargea Barnabé Brisson, très-célèbre jurisconsulte, de réunir en un volume, d'un côté, les ordonnances encore en vigueur; de l'autre, des projets de nouvelles lois. Cet ouvrage, connu sous le titre de Basilique ou de Code Henri III, n'était pas encore achevé lorsque son auteur périt victime des guerres civiles. Plusieurs jurisconsultes furent ensuite chargés de le compléter, mais il ne reçut jamais force de loi.

6. Le règne de Louis XIII a produit le *Code Michaud* ou Marillac, appelé ainsi du nom de son rédacteur, le garde des sceaux, Michel de Marillac. Cette ordonnance, rédigée sur les cahiers des États-Généraux de 1614 et des Assemblées des

---

d'instruire les parlements sur certaines coutumes alléguées dans des procès. On sait que ces enquêtes s'appelaient ainsi, parce que des masses ou turbes de dix témoins devaient former un avis sur le point litigieux. (Fleury, *Précis hist. du droit français*, et Bonnier, *Traité des preuves*, § 96, *in fine*.)

Notables tenues en 1617 à Rouen et en 1626 à Paris, fut publiée en 1629, et tomba bientôt en désuétude après la disgrâce de son auteur. Elle contenait en quatre cent soixante et un articles des dispositions non-seulement sur presque toutes les matières du droit civil, mais aussi sur les finances, la guerre, le commerce et la marine.

7. Sous le règne de Louis XIV, par les soins et les travaux des jurisconsultes les plus célèbres de ce temps, Lamoignon, Auzanet, Fourcroy, Pussort, Savary, Colbert et Dustarlet, parurent plusieurs ordonnances importantes, dont les sages dispositions ont souvent été adoptées par nos législateurs modernes.

Les plus remarquables de ces ordonnances sont :

1° Celle de 1667, appelée aussi Code civil, sur la procédure civile. C'est dans cette ordonnance que notre législateur a pris les principes généraux sur les actes de l'état civil, la preuve des contrats et la contrainte par corps ;

2° Celle de 1669 sur les eaux et forêts. Elle a été refondue dans le Code forestier, et quelques-unes de ses dispositions sont encore en vigueur ;

3° Celle de 1670 sur la procédure criminelle. Elle a fourni les principes sur la mort civile, empruntés du reste aux ordonnances de Moulins et de 1639 ;

4° Celle de 1673 pour le commerce ;

5° Celle de la marine, de 1681 : ces deux ordonnances ont été reproduites en grande partie dans le Code de commerce ;

6° Le Code noir de 1685, qui règle le sort et l'état des esclaves dans les colonies.

8. Nous devons au règne de Louis XV, et particulièrement aux travaux du chancelier d'Aguesseau :

1° L'ordonnance de 1731 sur les donations ;

2° Celle de 1735 sur les testaments : ces deux ordonnances sont la base du titre des donations et testaments dans le Code civil.

3° Celle de 1737 sur le faux ;

4° Celle de 1738 sur la procédure du conseil. Cette ordonnance règle encore la procédure devant le Conseil d'état ;

5° Celle de 1747 sur les substitutions.

9. Ces ordonnances, enregistrées avec très-peu de modifications dans la France entière, à l'exception de la Lorraine où les ordonnances de 1667 et 1670 ne furent point reçues, et qui eut son code particulier sous le titre de *Code Léopold* (du nom du duc Léopold), ces ordonnances, disons-nous, sont aussi connues sous le nom de *Code Louis*, et formaient avec le droit romain, ou le droit coutumier, le droit français en vigueur à l'époque de la révolution.

10. Parmi les ordonnances qui ont paru sous le règne de Louis XVI, il n'y en a que deux qui méritent d'être citées : l'édit du mois d'avril 1779, portant abolition du servage et de la main-morte pour les domaines du roi, et la déclaration du 24 août 1780, consacrant l'abolition de la question préparatoire (1).

---

(1) On connaît la collection des ordonnances, citée communément sous le titre de *Collection des ordonnances du Louvre*, publiée à l'Imprimerie royale. Le premier volume de cette collection, rédigé par

§ 2. DROIT INTERMÉDIAIRE. — ESSAIS DE CODIFICATION.

11. Ainsi la royauté avait été impuissante à doter la France d'une législation uniforme. La révolution put seule briser tous

---

l'avocat de Laurière, a paru en 1723. De Laurière étant décédé pendant l'impression du deuxième volume, ce volume et les suivants parurent en 1754, par les soins de Secousse, que le chancelier d'Aguesseau avait choisi pour la continuation de ce travail. Après la mort de Secousse, de Villevault en fut chargé par le chancelier de Lamoignon, et on lui adjoignit par la suite M. de Brequigny. Ils publièrent successivement le neuvième volume, la table chronologique des neuf premiers volumes, le onzième en 1769, le douzième en 1777, et le treizième volume en 1782. Le quatorzième volume, qui a paru en 1790, a été publié par de Bréquigny seul, après le décès de son collaborateur. Ce travail a été repris par les soins de l'Institut, et confié à M. le marquis de Pastoret, qui a publié le quinzième volume jusqu'au vingtième, paru en 1840. Ce dernier volume comprend les ordonnances du mois d'avril 1486, jusqu'au mois de décembre 1497. Depuis la mort de M. le marquis de Pastoret, M. Pardessus a été chargé de la continuation de ce travail. On doit faire remarquer ici que les introductions qui accompagnent chaque volume, présentent pour le jurisconsulte beaucoup d'intérêt. Il existe encore une collection de lois, édits, ordonnances, déclarations, arrêts, etc., antérieurs à 1789, par MM. Isambert, Decrusy, Jourdan et Taillandier; elle se compose de vingt-neuf volumes. Les ordonnances et édits antérieurs à 1789, et restés en vigueur, ont été en outre recueillis par Walker en 5 vol. in-8°. 1837.

les obstacles. On sait que l'abolition du régime féodal, des privilèges personnels et de ceux des provinces, l'unité de la constitution française, furent décrétées d'enthousiasme dans la fameuse nuit du 4 août 1789. Il devint alors possible de réaliser le projet de tant de siècles, et l'assemblée nationale constituante arbora le drapeau de la réforme des lois.

12. Dans la loi sur l'organisation judiciaire, des 16-24 août 1790, loi si féconde en principes passés dans nos institutions modernes, tels que la faveur due aux arbitrages, l'abolition de la vénalité des offices de judicature, la séparation du pouvoir judiciaire et législatif, celle du pouvoir judiciaire et administratif, la défense publique et libre des accusés, le droit de n'être pas soustrait à ses juges naturels, l'institution de la justice de paix; dans cette loi, disons-nous, l'assemblée nationale constituante proclama la nécessité d'une révision des lois civiles et criminelles. Quant aux lois civiles, elle s'exprima en ces termes, dans l'art. 19 du titre 2 :

« Les lois civiles seront revues et réformées par la législature, et il sera fait un code général de lois simples, claires et appropriées à la constitution. »

Notre première constitution, celle de 1791 (3-14 sept.), répéta à la fin du titre 1er : « Il sera fait un code de lois civiles communes à tout le royaume. »

13. Les assemblées qui suivirent s'occupèrent plus ou moins activement de l'œuvre de la régénération du droit, mais sans résultat heureux. Aussi passerons-nous très-rapidement sur cette période de l'histoire de notre législation. L'assemblée législative, qui commença d'exister le 1er octobre 1791, ne fit que

créer une commission de législation et publier une adresse pour réclamer les lumières des citoyens et des étrangers. Elle fut remplacée, le 21 septembre 1792, par la convention nationale, qui déclara dans la constitution de 1793 (24 juin), restée du reste sans exécution : « Le code des lois civiles et criminelles est uniforme pour toute la république. » Cette assemblée entendit dans sa trop longue carrière, qui fut le règne de la terreur, deux projets de Cambacérès sur un Code civil : le premier au 9 août 1793, le deuxième au 23 fruct. an II ; mais tous deux furent repoussés après quelques jours de discussion, l'un comme peu en harmonie avec les idées du temps, les grands principes philosophiques, et rappelant trop l'ancienne jurisprudence, comme si le genre humain finissait et commençait à chaque instant sans aucune sorte de communication entre une génération et celle qui la remplace (Portalis, *Discours prélim. sur le Code civ.*) ; l'autre fut repoussé comme trop concis, et parce qu'aussi les graves événements de l'époque ne permettaient pas de s'occuper avec une attention suffisante d'une œuvre de cette importance.

14. La convention nationale fut elle-même remplacée le 4 brum. an IV par le corps législatif, composé d'un conseil des anciens et d'un conseil des cinq cents, conformément à la constitution de l'an III (22 août 1795), qui organisait en même temps un directoire pour exercer le pouvoir exécutif. Le 24 prairial de la même année, un nouveau et troisième projet fut présenté par Cambacérès, mais la discussion en fut ajournée, et elle n'avait pas été reprise lorsque survinrent les événements des 18 et 19 brum. an VIII.

15. On sait qu'alors une commission consulaire exécutive remplaça provisoirement le directoire, que les deux conseils s'ajournèrent au 1er vent. suivant, et créèrent, avant de se séparer, chacun une commission pour s'occuper du Code civil. La commission seule du conseil des cinq cents, par l'organe de Jacqueminot, donna, le 30 frim. an VIII, les projets des différents titres du Code civil dont elle s'était chargée. Tout travail cessa de la part de ces commissions législatives le 4 nivôse an VIII, époque où la constitution (13 décembre 1799) qui créait définitivement le gouvernement consulaire (1) fut mise en vigueur. Cette constitution établissait en même temps un nouveau pouvoir législatif, composé du corps législatif, du tribunat, d'un sénat conservateur, chargé du maintien de la constitution, et d'un conseil d'état qui devait préparer les projets de loi.

16. Déjà dix ans s'étaient écoulés depuis la fameuse nuit du 4 août, et rien encore pour la législation générale n'avait été édifié sur les ruines des institutions qu'elle avait vu s'écrouler (2). Faut-il le regretter? Les lois d'une révolution sont toujours des lois réactionnaires, et il suffit pour s'en convaincre

---

(1) Les trois consuls furent : Bonaparte, ex-consul provisoire; Cambacérès, ex-ministre de la justice, et Lebrun, ex-membre de la commission du conseil des cinq cents.

(2) Jamais assemblées furent-elles cependant plus actives que celles de la révolution? On sait que la convention a publié, en quatre ans et neuf mois d'existence, 11,210 décrets.

de jeter les yeux sur les lois de cette époque, qui forment ce qu'on appelle la législation intermédiaire. Nous ne pouvons mieux les faire connaître qu'en citant ce passage de l'admirable discours de Portalis, en présentant, de concert avec Tronchet, Bigot-Préameneu et Malleville, le projet de Code civil : « Toute révolution est une conquête. Fait-on des lois dans le passage de l'ancien gouvernement au nouveau? Par la seule force des choses, ces lois sont nécessairement hostiles, partiales, éversives... Si l'on fixe son attention sur les lois civiles, c'est moins pour les rendre plus sages ou plus justes, que pour les rendre plus favorables à ceux auxquels il importe de faire goûter le régime qu'il s'agit d'établir. On renverse le pouvoir des pères, parce que les enfants se prêtent davantage aux nouveautés (1). L'autorité maritale n'est pas respectée, parce que c'est par une plus grande liberté donnée aux femmes que l'on parvient à établir de nouvelles formes et un nouveau ton dans le commerce de

(1) Ainsi les art. 4 et 5 du premier projet de Cambacérès permettaient aux majeurs de vingt-un ans de se marier sans le consentement de leurs parents, pourvu qu'ils justifiassent d'une réquisition faite trois jours avant le mariage. L'art. 36 du deuxième projet dispensait même de cette dernière formalité, comme aussi l'art. 269 du troisième projet. Du reste, la loi du 20 septembre 1792, art. 3, n'exigeait le consentement des parents au mariage que pour les mineurs. L'art. 5 du titre 5 du premier projet, disait encore : « La protection légale » des père et mère sur leurs enfants finit à la majorité, fixée à vingt- » un ans. »

la vie (1). On a besoin de bouleverser tout le système des successions, parce qu'il est expédient de préparer un nouvel ordre de citoyens par un nouvel ordre de propriétaires (2). » A ce triste tableau qui reflète avec vérité l'esprit des lois de la révolution, nous devons, certes, nous féliciter de ce que les circonstances de cette époque malheureuse n'ont pas permis aux différentes assemblées législatives de s'occuper sérieusement d'une réforme générale de la législation civile.

ART. 2. — DU CODE CIVIL.

§ 1er. — TRAVAUX PRÉPARATOIRES. — COMPOSITION. — PROMULGATION.

17. A peine Bonaparte fut-il investi du pouvoir consulaire, qu'un arrêté du 24 thermidor an VIII nomma une commission composée, comme nous l'avons dit, de Tronchet, Portalis, Bigot-

---

(1) Suivant l'art. 2 du premier projet de Cambacérès, le mariage pouvait être dissous par la seule volonté persévérante d'un des époux; les articles 51 et 52 du deuxième projet et 326 du troisième étaient conçus dans le même sens. La même loi, du 20 septembre 1792, art. 4, permettait le divorce pour simple incompatibilité d'humeur ou de caractère.

(2) De nombreuses lois furent rendues sur cette matière pendant la révolution, jusqu'à celle du 17 nivôse an II (6 janvier 1794), qui est restée en vigueur jusqu'au Code civil.

Préameneu et Maleville (1), pour comparer l'ordre suivi dans la rédaction des projets de Code civil publiés jusqu'audit jour, déterminer le plan qu'il leur paraîtrait le plus convenable d'adopter, et discuter ensuite les principales bases de la législation en matière civile.

La commission distribua les matières entre ses membres, et se réunit sous la présidence de Tronchet pour examiner et discuter le travail de chacun. Aidée des matériaux déjà réunis, elle fut en état de présenter, quatre mois après sa formation, un projet (2) de Code civil, qui fut rendu public par la voie de l'impression, le 1er pluv. an IX. Ce projet fut envoyé à l'examen du tribunal de cassation et des tribunaux d'appel, dont les observations rendues dans la même année furent également imprimées. La discussion commença de suite au Conseil d'état de la manière suivante : La section de législation examina chaque titre en présence des membres de la commission ; la rédac-

---

(1) Tronchet était alors président du tribunal de cassation ; Portalis, commissaire du gouvernement au conseil des prises ; Bigot-Préameneu, commissaire au tribunal de cassation, et Malleville, juge à ce même tribunal.

(2) Ce projet était précédé de dispositions généralement plutôt de doctrine que de législation, sur la division, la publication, l'interprétation et l'abrogation des lois, lesquelles ont disparu dans la discussion. A la différence du Code, le premier livre ne contenait que dix titres, parce que la commission n'avait pas voulu maintenir l'adoption.

tion adoptée par la section fut imprimée, distribuée à tous les conseillers d'état, et discutée de nouveau dans l'assemblée générale du Conseil, sous la présidence du premier ou du second consul. Les titres arrêtés au Conseil d'état, à la majorité des voix, avec ou sans modification, furent alors présentés dans la forme de projets de lois au corps législatif. Trois orateurs du gouvernement, choisis parmi les conseillers d'état, furent chargés d'en exposer et développer les motifs. Le corps législatif communiqua chaque projet au tribunat, qui, après l'avoir renvoyé à l'examen d'une commission spéciale formée dans son sein, chargea des orateurs, choisis parmi les membres de cette commission, de présenter et développer au corps législatif le vœu du tribunat pour l'adoption ou le rejet du projet. Sur ce rapport, dont les conclusions avaient été adoptées à la majorité des voix, le corps législatif, après avoir entendu de nouveau la lecture du projet de loi, procéda au scrutin sur son adoption ou son rejet (1).

C'est de cette manière que furent présentés, dans la séance du 3 frimaire an X, les trois premiers projets dont les titres ont été reproduits dans le Code civil, mais qui furent alors repoussés par le corps législatif sur le vœu du tribunat. La volonté législative ne s'était toutefois exprimée formellement qu'à l'égard

(1) Ainsi, deux discours étaient prononcés au corps législatif, celui des orateurs du Conseil d'état et celui des orateurs du tribunat. Le corps législatif était muet; le tribunat seul discutait les projets, mais il ne pouvait les amender. (Art. 28 et 34, Constitution de l'an VIII.)

du premier projet, et le tribunat manifestait encore la résolution de repousser le deuxième, parce qu'il rétablissait le droit d'aubaine, et à cause de ses dispositions sur la mort civile, lorsque le gouvernement, par un arrêté du 12 nivose an x (3 janv. 1802), retira l'ensemble de ces projets.

18. La France était encore menacée de voir s'éloigner pour longtemps le moment où elle jouirait d'une législation uniforme, entreprise toujours commencée, restant toujours inachevée; mais elle avait confié ses destinées à un homme dont l'intelligence supérieure, la résolution persévérante et la force de volonté devaient triompher de tous les obstacles. En effet, dès la même année, au mois de germinal an x, Napoléon organisa, pour s'assurer désormais l'appui du tribunat, des communications officieuses entre ce conseil et le Conseil d'état; en même temps la discussion fut reprise, suivant le mode précédemment décrit, et dans les années XI et XII (1803, 1804), toutes les lois composant le Code civil furent décrétées successivement; elles furent immédiatement et séparément rendues exécutoires.

19. La loi du 30 vent. an XII sur la réunion des lois civiles en un seul corps, sous le titre de Code civil des Français, couronna l'œuvre magnifique de nos législateurs. Cette loi ordonna l'insertion, au titre du mariage, des dispositions sur les actes respectueux votées le 21 vent. an XII, et formant les art. 152, 153, 154, 155, 156 et 157, et au titre de la distinction des biens, de celle formant l'art. 530, sur le rachat des rentes foncières.

La même loi de ventôse an XII divisa ensuite les trente-six lois formant le Code en un titre préliminaire, en trois livres, et en articles d'une seule série de numéros, au nombre de 2281. La loi du 14 ventôse an XI sur la publication, les effets et l'application des lois en général, forma le titre préliminaire (article 1 à 6). Le premier livre fut composé de onze lois sous le titre : *Des personnes* (7 à 515) ; le deuxième livre, de quatre lois, sous le titre : *Des biens et des différentes modifications de la propriété* (516 à 710); le troisième livre, de vingt lois sous le titre : *Des différentes manières dont on acquiert la propriété* (711 à 2281). Chaque livre fut divisé en autant de titres que de lois; les titres en chapitres et ceux-ci en sections (art. 4 et 5).

En même temps, elle proclama dans son art. 7 l'abrogation des lois romaines, ordonnances, coutumes générales ou locales, etc., dans les matières qui font l'objet du Code. Dans toute autre matière, ces lois et coutumes peuvent donc être encore invoquées, mais jamais leur violation ne peut donner ouverture à cassation. (Voir la discussion au Conseil d'état.)

§ 2. — DES MODIFICATIONS APPORTÉES AU CODE CIVIL DEPUIS SA PROMULGATION.

20. La stabilité est l'un des caractères de la loi, c'est la garantie de son impartialité, c'est le fondement de la confiance et de la sécurité du citoyen. Il ne faut pas oublier cependant, ainsi que le dit Montesquieu, qu'il est de la nature des lois humaines d'être soumises aux accidents et de varier à mesure que les volontés des hommes changent; aussi le Code civil ne demeura pas trois ans sans modifications.

21. Dès le 24 mars 1806, une loi sur le transfert des rentes appartenant à des mineurs ou interdits dérogea aux art. 457 et 458, en permettant aux tuteurs d'opérer ces transferts pour les rentes de 50 fr. et au-dessous, sans aucune autorisation, soit du tribunal, soit du conseil de famille ; et même pour les rentes au-dessus de 50 fr., bien qu'on exige cette dernière autorisation, on est dispensé de la première.

Cette même modification s'étend encore à l'art. 484, concernant la gestion des curateurs, soumise, comme on sait, aux mêmes restrictions que celle des tuteurs, en ce qui concerne les aliénations.

22. Le 1er janvier 1807, le Code de procédure civile dérogea aussi par son art. 834 (1) à l'art. 2166, en permettant au créan-

---

(1) C'est cet article qui tranche la controverse entre les partisans du système de la loi du 11 brumaire an VII (sur le régime hypothécaire), qui n'attachait la translation de propriété qu'au fait de la transcription, et ceux du système résultant des art. 711 et 1138, d'après lequel la propriété serait transférée par le simple effet des obligations. Maintenant que la réforme hypothécaire est à l'ordre du jour, les partisans du premier système se réveillent et cherchent à le faire adopter. Il est vrai de dire que ce système offre plus de sûreté et d'harmonie avec les idées théoriques. Mais est-il bien nécessaire? les fraudes qu'il préviendrait sont excessivement rares; et ne justifierait-on pas, par cette innovation, l'observation de Malleville, que le spectacle des désordres de la capitale nuit à la bonté des lois pour les provinces? « On est sans cesse occupé ici, dit-il, à prévenir des fraudes, dont on n'a pas même l'idée ailleurs. »

cier hypothécaire de prendre inscription après l'aliénation de l'immeuble faite par le débiteur, et dans la quinzaine de la transcription par l'acquéreur.

23. Des changements plus nombreux résultent de la loi du 3 sept. 1807, qui substitue le titre de Code Napoléon à celui de *Code civil des Français*, parce que, suivant l'exposé des motifs du conseiller Bigot-Préameneu, ce dernier titre ne pouvait plus convenir à un code regardé déjà alors comme le droit commun de l'Europe.

24. Les principaux de ces changements portent, 1° sur l'art. 17, § 3, privant de la qualité de Français celui qui s'affilie à une corporation étrangère exigeant des distinctions de naissance; ce paragraphe est complétement abrogé, comme disposant d'un objet de droit politique; 2° sur l'art. 427, qui dispense de la tutelle les membres des autorités établies par les titres 2, 3 et 4 de l'Acte constitutionnel (22 frim. an VIII) : ces autorités étant changées, les membres de celles qui les ont remplacées, et qui sont désignées dans les titres 3, 5, 6, 8, 9, 10 et 11 de l'Acte des constitutions du 18 mai 1804, doivent jouir des mêmes priviléges; 3° sur l'art. 896, qui prohibe les substitutions; une disposition résultant de l'acte impérial du 30 mars 1804 et du sénatus-consulte du 14 août suivant, y est ajoutée : elle a pour but de permettre à l'empereur d'autoriser un chef de famille à substituer ses biens libres pour former la dotation d'un titre héréditaire; et 4° sur l'art 2261, qui, dans le mode de calculer les prescriptions, supposait l'existence du calendrier républicain, établi en 1792 (22 sept.). Cet article fut abrogé comme ne pouvant plus recevoir d'ap-

plication depuis le rétablissement du calendrier grégorien, au 1er janv. 1806 ; et pour ne pas interrompre la série des numéros, on décomposa l'art. 2260, dont la seconde partie devint le nouvel art. 2261.

25. Les autres changements portent moins sur les dispositions de la loi même que sur sa forme, qu'on a voulu mettre en harmonie avec les usages monarchiques alors en vigueur. Toutefois ces changements n'ont pas toujours été heureux, et loin d'être innocents, comme c'était sans doute l'intention du législateur, ils ont quelquefois compromis le droit. Ainsi, c'est inexactement que dans l'art. 539 on remplaça le mot ancien *nation* par cet autre, *domaine public* : les biens de ce dernier genre n'étant pas dans le commerce tant que dure leur destination, il s'ensuivrait, si l'on appliquait à la lettre le nouvel article, que les biens dont l'état est propriétaire par droit de déshérence ne pourraient être aliénés ; mais c'est le cas de rappeler que là où la lettre tue, l'esprit vivifie. — Le mot *sujet de l'empereur*, dans l'art. 980, ne paraît pas encore remplacer exactement le mot *républicole*. De là naît la question de savoir si dans les testaments l'art. 9 de la loi du 25 ventôse an XI doit être appliqué. Cet article veut que les témoins aux actes reçus par les notaires soient *domiciliés* dans l'arrondissement communal où ils sont passés. Une doctrine constante n'admet en cette matière le recours à la loi de ventôse, que dans les cas non prévus par le Code civil et pour le suppléer. (Grenier, *Des donations*, t. 1er, n° 243 ; Merlin, *Répertoire*, v° Testament, sect. 2, § 3, art. 2, n° 8 ; Toullier, t. 5, n° 381 ; Delvincourt, t. 2, p. 313 ; Duranton, t. 9, n° 49 ; Favard de Langlade,

Répertoire, v° Testament, sect. 1re, § 3; Vazeille, *Donations et testaments*, 975, n° 9; Poujol, *id.*, art. 974 et suiv., n° 7.) La question se réduit donc à rechercher si le nouvel art. 980 parle du *domicile* ou n'en parle pas. Il est certain que par le mot républicole, *reipublicæ incola*, substitué du reste à celui de régnicole, porté dans l'art. 50 de l'ordonnance de 1735, on a entendu parler de celui qui *habite* le territoire français et qui en est originaire. Ne doit-on pas reconnaître ce sens, dans l'expression un peu détournée, il est vrai, de sujet de l'empereur et aujourd'hui sujet du roi? Cette question, dont l'affirmative ne nous paraît pas douteuse, est très-importante, car l'art. 9 de la loi de ventôse est prescrit à peine de nullité (art. 68, même loi). Ce même sens est adopté par Grenier, *Opere cit.*, t. 1er, n° 247, p. 454, et par Delvincourt, p. 313. Ce dernier auteur motive son opinion sur ce que l'article du Code civil est venu après celui de la loi de ventôse et paraît avoir statué formellement sur les qualités générales et personnelles que doivent réunir les témoins, par conséquent avoir abrogé ce dernier. Il fait du reste une observation très-judicieuse, c'est que dans une semblable matière, où l'on recherche le secret plutôt que la publicité, on n'a pas dû circonscrire le choix des témoins, dans un lieu trop rapproché du domicile du testateur, où l'acte sera passé ordinairement. *Sic* Duranton, t. 9, § 110; Massé, *Parfait notaire*, t. 1er, p. 405, 6e édit.; Poujol, art. 974, n° 7; arrêt de Cassation, 4 janv. 1826 (Sirey, 26. 1. 294), et autres; *Secùs*, Toullier, t. 5, n° 397; Merlin, *Répert.*, v° Témoin instr., § 2, n° 22, et arrêts de cours royales.

26. Depuis cette loi jusqu'à la restauration, le Code ne subit

aucun autre changement, à moins qu'on ne veuille considérer comme tel, 1° la fixation du taux d'intérêt par la loi du 3 sept. 1807, que l'art. 1907 paraissait annoncer; 2° le complément donné à l'art. 2123 par une loi du même jour, en ce qui concerne les inscriptions hypothécaires en vertu de jugements rendus sur des demandes en reconnaissance d'obligation sous seing privé; 3° la détermination par la loi du 4 sept. 1807 du sens et des effets de l'art. 2148, relativement à l'inscription des créances hypothécaires; cette inscription devra désormais indiquer l'époque de l'exigibilité de la créance; et 4° la faculté ajoutée à l'art. 2210 par la loi du 14 nov. 1808, pour le créancier poursuivant la vente des biens de son débiteur, laquelle consiste à lui permettre, lorsqu'il est établi que la valeur totale de ces biens est insuffisante pour le désintéresser et les créanciers inscrits, d'en provoquer simultanément la vente, quoiqu'ils soient situés en divers arrondissements.

27. L'un des premiers soins du gouvernement royal de la restauration fut de tranquilliser le pays sur la conservation de ses lois. L'art. 68 de la charte de 1814, octroyée par Louis XVIII, est rédigé en ces termes: « Le Code civil et les lois actuellement existantes qui ne sont pas contraires à la présente charte, restent en vigueur jusqu'à ce qu'il y soit légalement dérogé. »

28. La même charte déclarait, art. 6, que la religion catholique était celle de l'état: c'était abroger implicitement le divorce, que cette religion ne reconnaît pas. Cette interprétation fut formellement sanctionnée par la loi du 8 mai 1816.

29. Le 17 juillet de la même année, une ordonnance fut rendue à l'effet de supprimer dans les codes les dénominations

et formules rappelant le gouvernement impérial, et de les remplacer par d'autres plus conformes au nouveau gouvernement constitutionnel; les auteurs de ces changements se sont exactement renfermés dans le rôle qui leur était assigné.

30. Deux autres ordonnances, l'une du 27 nov. 1816, concernant la promulgation des lois et ordonnances, l'autre du 18 janv. 1817, sur la même matière, renferment des dispositions importantes qui se lient entièrement à l'exécution de l'art. 1er du Code civil.

31. La constitution de 1791, titre 6, confirmant les lois des 6 août 1790, 8 et 13 avril 1791, n'admettant pas le droit d'aubaine, avait en conséquence reconnu aux étrangers le droit de succéder en France, d'acquérir, de recevoir et de disposer, de même que tout citoyen français. L'assemblée nationale constituante avait ainsi fait appel à la générosité des puissances étrangères, desquelles elle espérait les mêmes concessions pour les Français; mais cet espoir avait été déçu. C'est pourquoi les législateurs du Code civil, résolus à retirer les avances faites par la France, n'accordèrent ces droits aux étrangers que par réciprocité, et seulement lorsqu'ils seraient stipulés par traités, ainsi qu'il résulte des art. 11, 726 et 912. — Une loi du 14 juillet 1819, considérant que cette législation nous causait plus de tort que de profit, a eu pour but de l'abroger. — Bien que le droit d'aubaine ne fût plus alors qu'un droit de déshérence, il était d'ailleurs trop contraire aux grands principes politiques modernes pour être conservé. — V. dans l'*Encyclopédie du Droit*, un article remarquable de M. Rossi sur le droit d'aubaine.

32. Deux autres changements eurent encore lieu sous la restauration : le premier eut seulement pour objet de créer des officiers de l'état civil spéciaux pour les lazarets (Loi du 5 mars 1822 sur la police sanitaire); le deuxième, plus important, eut pour but d'étendre la législation sur les substitutions, extrêmement restreinte par l'art. 896, qui n'admettait d'exception que pour les dispositions des ascendants et des frères et sœurs en faveur de leurs descendants ou neveux (article 897). La loi du 17 mai 1826, dans son article unique, abrogea en effet les art. 1048, 1049 et 1050, établis dans le sens de cette exception, et étendit à toute personne le droit de faire des substitutions en faveur de toute personne, à la charge seulement par le grevé de conserver et de rendre à quelqu'un de ses descendants; seule disposition qui soutienne encore l'application de l'art. 896 et marque la différence entre l'ancien et le nouveau droit.

33. En juillet 1830, un nouveau gouvernement remplaça celui de la restauration. La nouvelle charte répéta dans l'art. 59 les dispositions de l'art. 68 de celle de 1814, dans le même but de garantir le maintien du Code civil et des lois alors existantes.

34. Les modifications apportées au Code civil depuis 1830 sont assez nombreuses :

1° L'article 374 qui permettait au jeune homme de dix-huit ans de se soustraire à la puissance paternelle, en s'enrôlant, a été abrogé par l'art. 31 de la loi du 21 mars 1832 sur le recrutement, qui n'acccorde cette faculté qu'à l'âge de vingt ans.

2° L'art. 164 a été modifié par la loi du 16 avril 1832, qui permet le mariage entre beau-frère et belle-sœur, moyennant une dispense du roi.

3° La loi du 12 mai 1835 a interdit à l'avenir l'institution des majorats et a réduit ceux déjà fondés à deux degrés, l'institution non comprise. Ainsi s'est trouvé de nouveau modifié l'art. 896, seulement dans la partie qu'il tient de la loi de 1807. On ne comprend pas comment la loi des substitutions de 1826, qui rentre dans les idées des majorats, n'a pas eu le même sort; les effets en sont aussi désastreux pour l'industrie et le commerce.

4° La loi du 18 juillet 1837, sur l'administration municipale a modifié les art. 910 et 937 qui exigent, sans distinction, une ordonnance royale pour la validité de l'acceptation des donations ou legs faits en faveur des pauvres d'une commune et des établissements d'utilité publique. D'après l'art. 48 de cette loi, l'ordonnance royale n'est plus nécessaire pour les dons et legs n'excédant pas trois mille francs; il suffit alors d'un arrêté du préfet. D'après cette même loi (art. 59), l'art. 2045, qui exige une ordonnance royale pour toute transaction sur les biens des communes et établissements d'utilité publique, se trouve modifié d'une manière semblable, c'est-à-dire que les transactions sur des effets mobiliers de moins de trois mille francs pourront être autorisées par le préfet, en conseil de préfecture.

5° La loi du 20 mai 1838, sur les vices rédhibitoires, modifie les art. 1644 et 1648, en enlevant à l'acheteur le choix de résilier la vente ou de la maintenir, sauf restitution de partie du prix, et en fixant d'une manière limitative, suivant les diverses espèces d'animaux qu'elle indique, les vices rédhibitoires et les délais dans lesquels l'action en garantie doit être intentée et les vices constatés.

6° La loi du 30 juin 1838, sur les aliénés, établit une sorte d'interdiction pour les individus retenus dans les hospices pour cause de démence, et modifie formellement les art. 503 et 504, en permettant d'attaquer les actes qu'ils y auraient faits, supposant ainsi qu'il y a cause notoire d'interdiction, et dispensant de la provoquer devant les tribunaux (art. 39).

35. De tous les changements que nous avons énumérés depuis la promulgation du Code, ceux qui portent sur le divorce et les substitutions sont les seuls qui modifient d'une manière véritable et profonde l'œuvre admirable du législateur de la république. Près de quarante ans se sont écoulés depuis que la France jouit de cette législation uniforme, et les faibles changements qui ont été apportés témoignent du caractère excellent et positif de ses dispositions. Sans doute la doctrine a révélé des imperfections, l'expérience a démontré que certaines institutions n'atteignaient pas le but qu'on s'était proposé; mais les divers gouvernements qui se sont succédé en France ont toujours reculé devant une révision générale du Code. Ils n'ont point perdu de vue ces beaux préceptes de Portalis : « Qu'il faut être sobre de nouveautés en matière de législation, parce que s'il est possible, dans une institution nouvelle, de calculer les avantages que la théorie nous offre, il ne l'est pas de connaître tous les inconvénients que la pratique seule peut découvrir; qu'il faut laisser le bien, si l'on est en doute du mieux; qu'en corrigeant un abus il faut

encore voir les dangers de la correction même; qu'il serait absurde de se livrer à des idées absolues de perfection dans des choses qui ne sont susceptibles que d'une bonté relative; qu'au lieu de changer les lois, il est presque toujours plus utile de présenter aux citoyens de nouveaux motifs de les aimer; que l'histoire nous offre à peine la promulgation de deux ou trois bonnes lois dans l'espace de plusieurs siècles; qu'enfin il n'appartient de proposer des changements qu'à ceux qui sont assez heureusement nés pour pénétrer d'un coup de génie, et par une sorte d'illumination soudaine, toute la constitution d'un état. »

§ 3. — BULLETIN BIBLIOGRAPHIQUE FRANÇAIS ET ÉTRANGER.

36. L'étendue de la matière nous force à ne parler que des principaux ouvrages généraux et commentaires sur l'universalité du Code civil. On trouvera de plus amples développements, pour la France, dans la Bibliothèque choisie des livres de droit de Camus, à la suite de ses Lettres sur la profession d'avocat, ouvrage publié en 1772 et 1777, réimprimé en 1805 par Boulard, et en 1815 et 1832 par M. Dupin aîné. — Voyez aussi le Manuel des étudiants en droit et des jeunes avocats, de ce dernier auteur. — 1835.

37. Pour l'Allemagne (qui est le pays où l'on s'occupe de notre droit de la manière la plus suivie, et aux ouvrages duquel nous restreindrons notre bulletin bibliographique étranger), on peut consulter Gustave Hugo, dont l'Histoire du droit romain a été traduite en français par Jourdan, et revue par feu

M. Poncelet. Son ouvrage bibliographique est intitulé : Beytrage zur Civilistisch Bücher-Kennitz der lezten 40 jahre; Documents pour la connaisssance des livres de droit civil des 40 dernières années. — Le premier volume s'occupe des années 1788 à 1807; le deuxième des années 1808 à 1827. — Berlin, 1829.

38. L'ouvrage allemand moderne le plus complet sur toutes les matières de la législation est celui de Théod. Christ. Fréd. Enslin, nouvellement publié à Leipsig par Wishem Engelman, 1840. Il est intitulé : Bibliotheca juridica, oder verzeichniss, aller brauchbaren, in alterer und neuer zeit, besondert aber von jahre 1750, bis zu mitte des jahres 1839, in Deutscland erchienenen, werke, uber alle theile der Rechtsgelehrsamkeit und deren hülfswissenschaften; Bibliothèque juridique ou catalogue de tous les ouvrages parus en Allemagne dans les temps anciens et modernes, mais spécialement depuis l'année 1750 jusqu'au milieu de l'année 1839, sur toutes les parties de la science du droit et ses sciences auxiliaires.

BULLETIN BIBLIOGRAPHIQUE FRANÇAIS.

39. *Travaux préparatoires du Code civil.* — (C'est la meilleure source où l'on puisse s'instruire de l'esprit du législateur, puisque c'est, pour ainsi dire, le législateur commenté par lui-même. Cependant on ne doit pas accepter tous ces documents avec la même autorité. Ainsi, il ne faut considérer le plus souvent les discours des orateurs du gouvernement ou du tribunat que comme l'expression de leurs opinions personnelles. Le dis-

cours de l'orateur du gouvernement sur la prescription, en est un exemple bien frappant. Cet orateur, M. Bigot-Préameneu, dit et explique que la prescription ne doit pas courir pendant les délais pour faire inventaire et délibérer, et l'art. 2259 porte expressément le contraire. Sans doute, son opinion personnelle aura résisté au texte de la loi, dont il présentait le projet arrêté par le Conseil d'état, et dont, comme l'on sait, rien ne pouvait plus être modifié.)

Favard de Langlade. — Conférence du Code civil avec la discussion particulière du Conseil d'état et du tribunat, avant la rédaction définitive de chaque projet de loi. An XIII (1805), 8 vol. in-12 et in-8°. Motifs des cinq codes, suivis des rapports, opinions et discours, etc., 18 vol. in-12 (12 vol. pour le Code civil).

Ces deux utiles ouvrages sont compris dans le suivant, au moins pour le Code civil: Motifs et discours prononcés lors de la publication du Code civil par les divers orateurs du Conseil d'état et du tribunat. — Discussion au Conseil d'état et au tribunat sur le Code civil, avant la rédaction de chacune des lois qui le composent, 1338, 2 vol. in-8°. Ce dernier ouvrage a été revu par feu M. Poncelet, professeur à la faculté droit de Paris. M. Poncelet devait publier le texte et les motifs des autres Codes, et son travail était déjà très-avancé, lorsque la mort le surprit.

Favard de Langlade, ancien membre du tribunat, avait lui-même concouru à la confection du Code; il est mort le 16 novembre 1831, après avoir été président à la Cour de cassation et conseiller d'état.

Fenet. — Recueil complet des travaux préparatoires, des motifs du Code civil, comprenant sans morcellement : 1° le texte des divers projets; 2° celui des observations du tribunal de cassation et des tribunaux d'appel; 3° toutes les discussions puisées littéralement tant dans les procès-verbaux du Conseil d'état que dans ceux du tribunat; et 4° les exposés des motifs, rapports et discours, tels qu'ils ont été prononcés au corps législatif et au tribunat, etc., 1836, 15 vol. in-8°.

Cet ouvrage est le plus complet recueil des travaux préparatoires sur le Code civil. Son auteur, l'un des plus anciens avocats du barreau de Paris, s'est bien gardé de faire une analyse ou de présenter des parties morcelées, car il a compris que lorsqu'on veut se pénétrer de l'esprit du législateur, il n'est pas possible de s'en rapporter au travail d'autrui.

Locré. — Procès-verbaux du Conseil d'état, contenant la discussion du Code Napoléon. Paris, Imprimerie impériale, 1808, 5 vol. in-4°. On y joint une table analytique et raisonnée, rédigée par Bousquet, 1 vol. in-4°, 1808.

Le baron Locré, secrétaire général au Conseil d'état, a, en outre, publié quelques procès-verbaux restés inédits, dans un ouvrage considérable intitulé : Législation civile, commerciale et criminelle de la France, dont il sera parlé plus loin; mais il est à remarquer que la discussion au Conseil d'état des premiers projets repoussés par le tribunat (n° 17), n'a jamais été publiée, à cause des opinions émises alors par Napoléon sur le divorce et l'adoption, et qu'il croyait contraire à son intérêt politique de livrer à la publicité.

D'autres auteurs, tels que Crussaire, ancien avoué, mort en juillet 1830 (Analyse des observations des tribunaux, 1802, in-4°); Jouanneau et Solon (Discussions du Code civil dans le Conseil d'état, précédées des articles correspondants du texte et du projet, 1805, 1808, 3 vol. in-4°), ont recueilli les travaux préparatoires sur le Code civil.

40. *Code civil annoté.*

Paillet. — Manuel de droit français, contenant la charte, les six codes et des notes, renfermant des indications de lois et d'arrêts, 8e édit. 1838, in-4°, ou 9e, 1839, 2 vol. in-8°.

M. Paillet est juge à Orléans. Le succès de cet ouvrage en prouve l'utilité et le mérite.

Sirey (J.-B.).—Codes annotés des dispositions interprétatives, modificatives et applicatives (1800-32), avec renvoi aux principaux recueils de jurisprudence, 1833, 1 vol. in-4°, ou 2 vol. grand in-8°.

Sirey, ancien avocat aux conseils du roi et à la Cour de cassation, est auteur d'un excellent recueil de jurisprudence, continué depuis 1830 par MM. Devilleneuve et Carette.

Les Codes civils et de commerce annotés ont été traduits en allemand, en 1838, à Carlsruhe, par Guillaume Thilo, qui a comparé les décisions judiciaires françaises avec celles du pays de Bade.

Teulet, d'Auvilliers et Sulpicy. — Les Codes français annotés, offrant, sous chaque article, l'état complet de la doctrine, de la jurisprudence et de la législation, 2 vol. in-4° ou 2 vol. in-8°, 1843.

Pour des ouvrages de ce genre, le plus moderne est sans doute le plus utile. Mais les Codes de MM. Teulet, d'Auvilliers et Sulpicy se recommandent non-seulement par leur nouveauté, mais encore par la plus exacte concordance des articles entre eux, et par une abondance de matières et documents dont aucun ouvrage n'avait encore approché. L'exposition de la doctrine en est aussi très-consciencieuse et présente un véritable cours de droit français.

41. *Code civil conféré avec le droit ancien et nouveau.*

Biret. —Application au Code civil des Institutes de Justinien et des cinquante livres du Digeste, avec la traduction en regard. Paris, 1824, 2 vol. in-8°.

Dard. — Code civil, avec des notes indicatives des lois romaines, coutumes, ordonnances, etc., ou conférence du Code civil avec les lois anciennes, 3e édition, revue et augmentée de la concordance des articles du Code civil entre eux, du renvoi aux traités de Pothier, aux principaux ouvrages de jurisprudence moderne, et aux répertoires de MM. Merlin et Favard. 1827, in-8° ou in-4°.

Cet ouvrage estimé a été traduit en italien.

Dupin (A. M. J. J.). — Principia juris civilis, tùm romani, tùm gallici, seu selecta legum romanarum ex corpore justinianæo de promptarum et cum civili Gallorum codice aptè concordantium. Cum notis quibus sedula utriusque juris collatio, continetur. Parisiis, 1806-18, 5 vol. in-12.

A tel nom, il n'est pas besoin d'éloges. Disons seulement que cet ouvrage, qui atteste une étude approfondie des sources du droit romain, nous semble être une véritable préparation à un concours. C'est en effet dans la période de sa publication que l'auteur a subi le sort de Cujas, devant la faculté de droit de Paris; mais, comme lui, il s'est vengé dignement.

Waldeck-Rousseau, Lahaye. — Le Code civil annoté des lois romaines, des lois, décrets, etc., et des opinions des auteurs qui ont écrit sur le Code, 2e édit. 1843, 1 vol. in-4°.

Cet ouvrage est un service réel rendu à l'étude du droit, car il ne faut pas se dissimuler que la difficulté de se procurer les nombreux volumes qui traitent de notre législation est un obstacle à son développement.

D'autres auteurs ont encore traité cette matière; tels sont : G. D. Arnold (en latin, 1 vol. in-8°, 1812); Berthelot, ancien professeur en droit, mort en 1813 (en latin, 2 vol. in-8°, 1809); Delvincourt, désigné ci-après (en latin, 1 vol. in-8°, 1823); Dufour J. (4 vol. in-8°, 1806); Gibault H. B. (en latin, 1 vol. in-8°, 1808); Gin (6 vol. in-8°, 1804); Leclercq, ancien procureur général à Liége (8 vol. in-8°, 1810 et suiv,), et Perreau, J. A., ancien professeur de droit, mort en 1813 (en latin, 1 vol. in-8°, 1809).

42. *Code civil conféré avec le droit étranger.*

Anthoine de Saint-Joseph, juge au tribunal de première instance de la Seine. — Concordance entre les Codes civils étrangers et le Code Napoléon, ouvrage contenant le texte des Codes, 1° Napoléon; 2° des Deux-Siciles; 3° de la Louisiane; 4° sarde; 5° du canton de Vaud; 6° hollandais; 7° bavarois; 8° autrichien; 9° prussien; 10° suédois; 11° de Berne; 12° de Fribourg; 13° d'Argovie; 14° de Bade; 15° d'Haïti; et les lois hypothécaires, 1° de Suisse; 2° Wurtemberg; 3° Genève; 4° Fribourg; 5° Saint-Gall; 6° la Grèce; 1840, 1 vol. in-4°.

Le monde scientifique a applaudi l'œuvre consciencieuse et élevée de M. Anthoine de Saint-Joseph, qui nous a initiés à la connaissance exacte des seules conquêtes qui aient survécu au gouvernement impérial et de toutes celles que le temps et la bonté de nos lois ont faites depuis dans toutes les parties de l'Europe et même de l'Amérique. L'introduction à cet ouvrage est aussi très-remarquable.

43. *Traités élémentaires.*

Berriat-Saint-Prix (F.), docteur en droit. — Notes élémentaires sur le Code civil, 3 vol. in-8°, 1844.

Ces notes, d'une précision remarquable, sont puisées aux meilleures sources, aux cours faits à l'école de droit de Paris. Elles sont présentées de manière à frapper l'esprit, et renferment des solutions et déductions toujours sûres.

Boileux. — Commentaires sur le Code civil, 5e édit. 1842-44, 3 vol. in-8°.

Cet ouvrage, enrichi d'une introduction historique par feu M. Poncelet, reproduit assez exactement les opinions de quelques professeurs de l'école de droit de Paris. M. Boileux, docteur en droit, est juge à Vendôme.

Delvincourt. — Institutes de droit civil français, ou cours de Code civil, 5e édit., 3 vol. in-4°, 1834.

Cet ouvrage est toujours considéré comme l'une des meilleures productions élémentaires sur notre droit. Il se compose de deux parties bien distinctes, des Institutes d'une part, et des observations, à la fin de chaque volume, d'autre part.

Delvincourt, membre du conseil royal de l'instruction publique, professeur et doyen de la faculté de droit à Paris, est mort en 1831.

Demante. — Programme du cours de droit civil français fait à la faculté de Paris, 3e édit., 3 vol. in-8°.

Cet ouvrage, que son savant et modeste auteur ne veut pas qu'on considère comme une œuvre de jurisprudence (voyez la préface), tient cependant beaucoup plus qu'il ne promet. Son style est un modèle de concision et ses principes sont marqués du sceau de la logique et de la vérité. Nous le recommandons particulièrement à la méditation des jeunes légistes.

M. Demante professe depuis longtemps avec succès le cours de Code civil à la faculté de Paris.

Gousset. — Code civil commenté dans ses rapports avec la théologie morale, ou explication du Code civil, tant pour le for intérieur que pour le for extérieur, 5e édit., 1844, in-18. Cette manière de considérer le droit n'est pas nouvelle; Pothier en avait déjà donné l'exemple.

Marcadé. — Éléments de droit civil français ou explication méthodique du Code civil; accompagné de la critique des auteurs et de la jurisprudence, etc., 7 vol. in-8°, 1843.

Comme on le voit par le titre, cet ouvrage embrasse à la fois la méthode exégétique et dogmatique; les éloges qui lui ont été donnés par MM. Demante, Troplong et Coin-Delisle, ont attiré sur cet ouvrage, dont trois volumes seulement ont paru, l'attention des jurisconsultes.

M. Marcadé est avocat à la cour royale de Rouen.

Mazerat. — Questions sur le Code civil avec leurs solutions, 1 vol. in-8°, 1835.

Cet ouvrage est le complément du programme de M. Demante, dans lequel les questions sont posées sans solution.

Mazerat, docteur en droit, avocat à la cour royale de Paris, est mort en 1844. Il a donné en 1839 une nouvelle édition du commentaire de Chabot, sur les successions.

Rogron. — Code civil expliqué, 12e édit., 1 vol. in-18.

Ouvrage écrit purement, clairement; il a le mérite, grand sans doute, d'avoir mis le droit à la portée de tout le monde. C'est même la cause de son immeuse succès.

M. Rogron, ancien avocat aux conseils du roi et à la Cour de cassation, est maintenant secrétaire en chef du parquet de la même cour.

On connaît encore, comme œuvres élémentaires sur le Code civil, les examens par demandes et réponses de Carré et B. avocats, 3 vol., 1824-29 ; et un cours élémentaire de Pigeau, 1828, 2 vol. in-8°. Il sera parlé de ce dernier auteur au bulletin de procédure.

44. *Commentaires et traités généraux.*

Coin-Delisle. — Commentaire analytique du Code civil. 4 vol. in-4° ont paru de 1835 à 1844, sur la jouissance et privation des droits civils, les actes de l'état civil, la contrainte par corps, les donations et testaments.

Le mérite pratique de ce qui a déjà paru fait désirer que l'auteur poursuive son œuvre avec persévérance. Déjà le commentaire sur les donations et testaments est arrivé à une 2e édition.

M. Coin-Delisle est un des plus anciens avocats du barreau de Paris.

Duranton. — Cours de droit français suivant le Code civil, 4e édit., 1844, 22 vol. in-8°.

Bien qu'un ouvrage aussi volumineux puisse être critiqué avec raison dans certains cas, le cours de M. Duranton n'en tient pas moins une place honorable à côté de Toullier, par la richesse de ses développements sur chaque question, par la clarté de l'exposition et parce qu'il se restreint partout à l'utilité pratique. (Zachariæ, § 51, n° 6 du premier volume original de son manuel de droit civil français, p. 135.)

M. Duranton est professeur à la faculté de droit de Paris.

Duvergier. — Continuation du droit civil français de Toullier, 8 vol. in-8°, plus 1 vol. de table. — Six sont publiés; ils traitent de la vente, du louage, du contrat de société, du prêt, du dépôt et du sequestre.

On sait que l'œuvre de Toullier se termine à l'art. 1581, dernier du titre du contrat de mariage. Cet ouvrage est très-estimé; on y remarque souvent la force de logique et de style qui a fait la gloire du savant professeur de la faculté de Rennes.

M. Duvergier, ancien directeur des affaires civiles au ministère de la justice, est actuellement membre du conseil de l'ordre des avocats à la cour royale de Paris.

Locré. — Esprit du Code civil ou conférence historique, analytique et raisonnée du projet de Code civil, des observations des tribunaux, etc., 1807 à 1814, 7 vol. in-8°.

Cet ouvrage ne traite que des deux premiers livres du Code civil. Cette lacune a été remplie depuis par l'ouvrage intitulé :

Législation civile, commerciale et criminelle de France, ou commentaire et complément des cinq Codes, 31 vol. in-8°, 1826 à 1831. Le Code civil comprend 16 vol.

Tout ce qui concerne le premier livre de la première partie a été traduit en allemand par Stickel, Gladbach et Floret, révisé et augmenté de notes par Almendingen, Giessen et Wetzlar, 1808 à 1813, 5 vol. gr. in-8°.

Maleville. — Analyse raisonnée de la discussion du Code civil au Conseil d'état, 3e édit., 1821, 4 vol. in-8°.

Cet ouvrage de l'un des rédacteurs du Code civil contient un résumé précis de la discussion au Conseil d'état, d'après ses notes manuscrites, et de courtes explications sur l'ancien droit. On ne saurait trop le recommander comme introduction à l'étude du Code. Il aététraduit en allemand par Blanchard. — Koln, 1808, 4 vol. gr. in-8°.

Jacques de Maleville, ancien avocat à Bordeaux, membre du conseil des anciens en 1796, membre de la commission pour la proposition du Code civil en 1800, sénateur en 1806, est mort pair de France en 1824.

Proudhon. — Traité sur l'état des personnes et sur le titre préliminaire du Code civil, 3e édit. augmentée par M. Valette, professeur à l'école de droit de Paris, 1842-43, 2 vol. in-8°.

Proudhon, né à Chasnans, canton de Vercel (Doubs), le 1er février 1758, est mort à Dijon, le 20 novembre 1838, doyen de la faculté de droit. Tous ses ouvrages, et spécialement celui-ci, jouissent d'une juste célébrité. Toullier en a fait plusieurs fois l'éloge. Ses dernières paroles à ses élèves furent celles-ci : « Souvenez-vous que l'étude du droit est l'école de la justice, de la probité. » C'est le résumé de son enseignement, de ses ouvrages, de sa vie (Éloge prononcé, le 4 déc. 1841, à la séance d'ouverture de l'ordre des avocats, par Tenaille). Ces paroles sont aussi rappelées annuellement par un savant professeur de l'école de droit de Paris, qui fut le précepteur de ses enfants et son digne élève, M. Bugnet. M. Valette a eu une heureuse idée en s'associant à un tel nom, en lui faisant l'hommage de ses observations pleines de science et de vues élevées.

Richelot. — Principes du droit civil français; — cet ouvrage doit avoir 6 vol. in-8°.

M. Richelot, professeur de droit civil à la faculté de Rennes, est élève de Toullier. Deux livraisons seulement ont paru en 1842-43. L'auteur nous paraît avoir adopté le système du cours de droit civil de Zachariæ, et consistant à placer les développements dans les notes pour ne pas distraire l'esprit du lecteur de la liaison des principes et de la suite des idées; ce qui a paru nous fait regretter vivement le retard apporté dans l'accomplissement de son œuvre.

Taulier. — Théorie raisonnée du Code civil, 6 vol. in-8°. L'auteur, professeur à la faculté de droit de Grenoble, nous paraît avoir envisagé le Code civil sous un jour tout nouveau. Il a répudié pour ainsi dire le droit romain et le droit coutumier, pour ne chercher son point d'appui que dans le Code civil même. Quatre volumes ont seulement paru.

Toullier. — Droit civil français suivant l'ordre du Code, 5e édit, 1842, 15 vol. in-8°.

Cet auteur, surnommé le *Pothier moderne*, est mort à Rennes en 1835, doyen de la faculté de droit. Il suffit de rappeler à son éloge que deux savants modernes, MM. Duvergier e Troplong, ont renoncé à mieux faire sur les matières traitées par lui, et ont seulement entrepris de le continuer.

Troplong. — Le droit civil expliqué suivant l'ordre des articles du Code, depuis et y compris le titre de la vente. Ouvrage qui fait suite à celui de Toullier. 13 vol. in-8°, 1837 à 1843 ; 4 vol. traitent des priviléges et hypothèques, 2 vol. de la vente, 2 vol. de la prescription, 3 vol. du louage et de l'échange, 2 vol. des sociétés civile et commerciale.

M. Troplong est conseiller à la Cour de cassation. Ses écrits occupent un très-haut rang dans la science du droit, qui n'avait pas encore été considérée d'une manière aussi philosophique et aussi élevée.

Voyez pour les autres ouvrages et pour les monographies sur quelques parties du droit civil, la Bibliothèque choisie des livres de droit de Camus, augmentée par M. Dupin.

BULLETIN BIBLIOGRAPHIQUE ÉTRANGER.

45. *Traités élémentaires.*

Bauer (Ant.). — Lehrbuch des Napoleons Civilrechts. Éléments de droit civil d'après le Code Napoléon. 2e édit., grand in-8°. Marburg, 1812.

Cet auteur, né en 1773, est actuellement professeur à la faculté de Gœttingue. Il a publié plusieurs autres ouvrages sur le Code Napoléon, et notamment un traité sur l'application du Code Napoléon aux faits accomplis pendant sa mise en vigueur dans les pays allemands (1814).

Bergmann (Fr, Ch.).—Lehrb. des Privatrechts... Éléments de droit privé d'après le Code Napoléon, 1 vol. in-8°. Gœttingue, 1820. Né en 1785, cet auteur est depuis 1808 professeur à Gœttingue.

Bücher (Karl. Fr., Fd.). — System. Darstellung des, im Konigr. Westpalen gelt. Napol. priv. rechts. Exposition systématique du droit privé Napoléon, en vigueur dans le royaume de Westphalie. 2 vol. grand in-8°. Hall, 1809.

L'auteur est conseiller d'état du roi de Bavière.

Spangenberg (E. P. J.). — Institutiones juris civilis Napoleonis, in-8°. Gœttingue, 1808.

L'auteur est conseiller d'appel dans cette ville.

46. *Commentaires et traités généraux.*

Almendingen (L. Larch d'). — Vorträge ub. den Code Nap. und Seine organ. umgebung, 3 vol. 1811-1817. Exposé des principes organiques du Code Napoléon. Darmstadt.

Cet auteur, né en 1766, a été professeur libre à Nassau (privat-docent). Il est mort en 1827.

Bülow (G. Ph. de). — Franzos. civ. recht in rechts prüchen. Droit civil français d'après les arrêts, 1 vol. grand in-8°. Brünswick, 1813.

Dabelow (Ephr. Ehr. de). — Ausfurlich. Theor. pratick. Commentär üb. den Code Nap Commentaire complet, théorique et pratique, sur le Code Napoléon. Leipsig, première partie, 1810; deuxième partie, 1811.

Cet auteur a beaucoup écrit sur notre droit. Il est né en 1667, et après avoir professé à Hall et à Rothen, il a été appelé en Russie, à l'université de Dorpat.

Grolmann (Car. L. G. de). — Ausfurl. handb. üb. den Code

Nap. Manuel complet sur le Code Napoléon, 3 vol. in-8°, 1810 à 1812. Giessen.

« C'est, sans contredit, le meilleur commentaire sur le Code civil paru en Allemagne, dit Zachariæ; mais il n'embrasse que les articles 1er à 311. » Cet auteur, né en 1775, est mort en 1829. Il avait été désigné avec Almendingen pour traduire le Code Napoléon à l'usage du grand duché de Nassau.

Haupt (Ch. Ehr.). — Th. pra. comm. der Nap. Gesetzb. Commentaire théorique et pratique du Code Napoléon, 1 vol. in-8°. Hambourg, 1814. (Ouvrage resté incomplet.)

Lassaulx (Fr. de). — Der Code Nap. dargest und comm. Le Code Napoléon expliqué et commenté, 4 vol. grand in-8°, 1808 à 1813. Coblentz.

L'auteur, ancien professeur et doyen de la faculté de Coblentz, a publié plusieurs ouvrages estimés sur le Code civil, et notamment en français une introduction à l'étude du Code Napoléon qui est encore souvent citée.

Spangenberg (E. P. J.). — Comment. ub. der Code Nap. Commentaire sur le Code Napoléon, 3 vol. in-4°. Gœtting. 1810 à 1811. — V. dans les traités élémentaires.

Schmid (Ch. E.). — Kritis. Einleit. in. d. Gesam. Recht. franz. Reiches. Introduction critique à l'ensemble du droit civil français comparé avec le droit romain, allemand, saxon et principalement prussien. Première partie, Droit civil. Hildburghausen, 1808; deuxième partie, 1809, in-8°. (Cet ouvrage est en effet un commentaire sur le Code civil, mais son savant auteur s'est arrêté à l'art. 33.)

Zachariæ (C. Sal.). — Handbuch des Franzos. civ. rechts.

Heidelberg, 1837, 4e édit., in-8°. Manuel de droit civil français. Cet auteur, professeur à l'université d'Heidelberg, est mort en 1843. MM. Aubry et Rau, professeurs à la faculté de Strasbourg, ont entrepris la traduction libre de cet ouvrage; quatre volumes ont déjà paru. On est étonné, en étudiant l'œuvre de Zachariæ, des profondes connaissances dont son auteur fait preuve à chaque page et sur les parties les plus difficiles de notre droit français. Le savant professeur d'Heidelberg a, en outre, publié un grand nombre d'ouvrages sur le droit politique, des gens, etc.

ART. 3. — CODE DE PROCÉDURE CIVILE.

§ 1er. — COMPOSITION, HISTOIRE, PROMULGATION.

47. Le Code de procédure civile a pour objet la décision des différends qui s'élèvent sur l'état des personnes ou les propriétés et les précautions à prendre quelquefois, soit à raison de ces différends, soit afin de les prévenir. (Berriat-Saint-Prix, *Cours de pr. civ.* t. 1, § 1er. Note prélim.)

48. Le Code de procédure civile, composé de mille quarante-deux articles, est divisé en deux parties. La première partie, concernant la procédure ordinaire devant les tribunaux, comprend cinq livres. Le premier livre a pour titre *De la justice de paix*, le deuxième *Des tribunaux inférieurs*, le troisième *Des cours royales*, le quatrième *Des voies extraordinaires pour attaquer les jugements*, le cinquième *De l'exécution des jugements*. La deuxième partie, concernant les procédures diverses,

comprend trois livres. Le premier n'a pas de titre spécial, le deuxième a pour titre *Procédures relatives à l'ouverture d'une succession*, et le livre troisième est intitulé *Des arbitrages*. Chaque livre est divisé en titres. Ce code a été voté en six lois séparées qui n'ont été mises à exécution que simultanément, contrairement à ce qui s'est pratiqué pour le Code civil. Sa mise en vigueur date du 1er janvier 1807.

49. Le plan du Code de procédure civile, au moins pour la première partie qui est la plus importante, semble conçu sur cette définition de Pothier :

« La procédure civile est l'ensemble des règles suivant lesquelles on doit intenter les demandes, y défendre, intervenir, instruire, juger, se pourvoir contre les jugements, enfin les exécuter. » D'après ce plan, on ne doit pas chercher dans le Code les règles relatives à l'organisation judiciaire, aux attributions des officiers ministériels, à la nature des actions et à la compétence.

50. La loi des 16-24 août 1790, dont nous avons déjà eu occasion de parler (n° 12), en même temps qu'elle proclamait la nécessité de la révision des lois civiles, s'exprimait ainsi dans l'art. 20 du tit. 1er : « Le Code de la procédure civile sera incessamment réformé, de manière qu'elle soit rendue plus simple, plus expéditive et moins coûteuse. » Ainsi, dans l'esprit des membres de l'assemblée constituante, la réforme des lois civiles ne se séparait pas de celle de la procédure.

51. Bien que l'ordonnance de 1667 eût été appliquée dans tout le royaume, et que dans son art. 42 du titre 5, elle contînt abrogation de toutes ordonnances, lois, statuts, règlements,

styles et usages différents ou contraires à ses dispositions, la France à cette époque ne jouissait cependant pas, même sous le rapport de la procédure, d'une législation uniforme, car cette ordonnance et celles postérieures qui l'expliquaient ou la corrigeaient, tels que l'édit de 1684 sur les billets ou promesses sous seing privé, de 1736, sur les registres de l'état civil, et autres, n'avaient pas prévu tous les cas, avaient laissé une porte ouverte à des usages particuliers, et par conséquent à beaucoup d'abus.

52. Il était donc urgent de faire cesser ces abus; mais la réforme des lois civiles était encore plus nécessaire, et devait occuper de préférence le législateur. En conséquence, on déclara que les tribunaux nouvellement créés d'après un système électif suivraient provisoirement les formes de la procédure actuellement existantes (l. 19 oct. 1790, art. 2), et que, jusqu'à la simplification de la procédure, les avoués, par lesquels on avait remplacé les procureurs (l. 11 févr. 1791), suivraient exactement celle qui était établie par l'ordonnance de 1667 et les règlements postérieurs (l. 27 mars 1791, art. 34).

53. La constitution de 1793, dont il a déjà été parlé (n° 13), voulut rendre inutiles d'aussi sages mesures, en substituant aux tribunaux ordinaires des arbitres qui statueraient en dernier ressort, sur défenses verbales ou sur simple mémoire, sans procédure et sans frais (art. 94). Cette constitution, qui ne fut jamais mise en vigueur, n'aurait pas ainsi bouleversé l'administration de la justice si, par un décret spécial du 3 brumaire an II (24 oct. 1793), on n'en eût exhumé cet art. 94, avec quelques modifications cependant. Les anciens tribunaux

furent conservés, mais les avoués furent supprimés et la procédure réduite à néant.

54. Ce fut alors qu'on sentit par expérience la vérité de ces paroles de Montesquieu : « Si vous examinez les formalités de la justice par rapport à la peine qu'a le citoyen pour se faire rendre son bien, vous en trouverez sans doute trop. Si vous les regardez dans le rapport qu'elles ont avec la liberté et la sûreté des citoyens, vous en trouverez trop peu, et vous verrez que la peine, les dépenses, les longueurs, les dangers même de la justice sont le prix que chaque citoyen donne pour sa liberté.» (*Esprit des lois*, l. 6, chap. 2.) Aussi dès son arrivée au pouvoir, Bonaparte se hâta-t-il de faire rétablir les avoués. (Art. 92, l. 27 vent. an VIII-18 mars 1800); et comme conséquence de cette loi, il prit, le 18 fructidor an VIII, un arrêté par lequel, considérant l'ancien art. 94 de la constitution de 93 comme implicitement rapporté, il ordonnait l'exécution de la loi du 27 mars 1791, portant que les avoués suivraient provisoirement la procédure établie par l'ordonnance de 1667 et les règlements postérieurs.

55. Pendant qu'il s'occupait à organiser les communications officieuses entre le tribunat et le Conseil d'état, afin de briser l'opposition qui s'était révélée dans le premier conseil sur les premiers projets de code civil, Bonaparte ne perdait pas de vue la réforme des lois de procédure. Par arrêté du 3 germinal an X, il chargea une commission de préparer un projet de code de procédure civile. Cette commission se composait de MM. Treilhard, conseiller d'état; Try, commissaire du gouvernement; Séguier, premier président de la cour d'appel de

Paris; Berthereau, président du tribunal de première instance de la Seine, et Pigeau, ancien avocat au Châtelet. Le travail de cette commission, accompagné d'observations particulières de M. Treilhard, fut publié, soumis aux observations des tibunaux de cassation et d'appel, et discuté ensuite, soit au Conseil d'état, soit au corps législatif ou au tribunat, de la même manière que le Code civil. Enfin, terminé en 1806, il ne fut rendu exécutoire qu'à partir du 1er janvier 1807 (art. 1041). Dès ce moment aussi toutes lois, coutumes, usages et règlements relatifs à la procédure ont été abrogés.

§ 2. — MODIFICATIONS APPORTÉES AU CODE DE PROCÉDURE CIVILE DEPUIS SA PROMULGATION.

56. Le Code de procédure civile n'a pas subi un grand nombre de modifications. Il fut soumis à la même révision que le Code civil, en vertu de la loi du 3 sept. 1807 et de l'ordonnance royale du 17 juillet 1816. De plus, une nouvelle édition en a été donnée en vertu d'une ordonnance royale, en date du 8 oct. 1842.

57. La première modification qui ait porté atteinte à sa pureté primitive est celle résultant de l'art. 643 du Code de commerce, mis en vigueur le 15 sept. 1807. Cet article déroge à l'art. 436, qui, pour la procédure des tribunaux de commerce, n'admettait plus l'opposition aux jugements par défaut, après le délai de huitaine de la signification. Le Code de commerce veut que, conformément aux art. 156, 158 et 159 du Code de procédure

civile, l'opposition soit recevable jusqu'à l'exécution du jugement.

58. La seconde modification provient du décret inconstitutionnel (1) du 2 fév. 1811, récemment abrogé par l'art. 9 de la loi du 2 juin 1841, sur les ventes judiciaires. — Ce décret dérogeait à l'art. 735, et fixait les délais entre l'adjudication préparatoire et définitive.

59. Le gouvernement de la restauration n'a pas cherché à améliorer les lois de la procédure. L'abolition du divorce a seulement entraîné la suppression de l'art. 881.

60. Le gouvernement de juillet a profité davantage de l'expérience déjà faite depuis la mise en vigueur des lois de la procédure, et s'est efforcé de les mettre en harmonie avec les besoins et les progrès de la législation.

61. La loi du 17 avril 1832, sur la contrainte par corps, a modifié favorablement les art. 798, 800 et 804, 1° en permet-

---

(1) D'après les principes de notre droit public, un décret ou ordonnance ne peut déroger à une loi. Ces principes ont souvent été méconnus sous le gouvernement impérial, qui ne se faisait aucun scrupule d'empiéter sur l'autorité constitutionnelle du corps législatif. Le nombre de ces décrets entachés d'inconstitutionnalité est si considérable, que la jurisprudence a reculé devant la pensée de refuser de les appliquer. Elle a coloré cette détermination d'un vernis de légalité, en disant qu'il existait alors un pouvoir chargé d'annuler les actes inconstitutionnels, et que le silence de ce pouvoir avait couvert les vices de ces actes. (Art. 21, constit. de l'an VIII. — V. Duvergier, *Coll. de lois*, Introduction, p. 8.)

tant au débiteur d'obtenir son élargissement par la consignation du tiers de la dette seulement au lieu de la totalité, et en donnant une caution pour le surplus (art. 24, 25); 2° en empêchant que le débiteur élargi faute de consignation d'aliments puisse être jamais repris pour la même dette (art. 31); et 3° en fixant une durée à la contrainte par corps, qui pouvait être illimitée (art. 7).

62. Des modifications plus importantes encore résultent, 1° de la loi du 25 mai 1838, sur la justice de paix; 2° de la loi du 2 juin 1841, sur les ventes judiciaires de biens immeubles, et 3° de la loi du 24 mai 1842, relative à la saisie des rentes constituées sur particuliers. La première de ces lois modifie complétement les art. 4, 16, 17, 20 et 821; la deuxième a été entièrement subtituée aux articles du Code et en forme les titres 12 et 13, première partie du liv. 5, et tit. 6 et 9, deuxième partie du livre 2. — Les art. 832, 833, 836, 837 et 838, relatifs à la surenchère sur aliénation volontaire, sont aussi profondément changés par cette même loi, ainsi que les art. 970 à 973, 975 et 976 relatifs aux partages et licitations. Quant à la troisième loi, elle forme le titre 10 du Code auquel elle a été substituée.

63. Ces lois considérables sont de véritables améliorations. Elles réunissent assez exactement les conditions d'une bonne procédure : rapidité dans la marche, économie dans les frais. Cependant le Code de procédure est encore loin d'être parfait. Les tribunaux réclament instamment de nouvelles réformes, surtout en ce qui concerne la matière des ordres et contributions.

§ 3. — BULLETIN BIBLIOGRAPHIQUE FRANÇAIS ET ÉTRANGER.

Bulletin bibliographique français.

64. *Travaux préparatoires.*

Favard de Langlade. — Code de procédure civile, suivi des motifs, rapports auxquels la discussion a donné lieu, 1808, etc. 2 vol. in-12. — V. n° 39.

Locré. — Esprit du Code de procédure civile, 5 vol. in-8°, 1816. Cet ouvrage est travaillé sur le même plan que l'ouvrage du même auteur sur le Code civil. — V. n° 39.

65. *Code de procédure annoté.* — Les mêmes auteurs cités au n° 40 sur le Code civil ont fait dés annotations au Code de procédure. — V. Paillet, Sirey et Teulet.

66. *Traités élémentaires.*

Auger (L.). — Traité élémentaire de procédure civile. Paris, 1828-29, 2 vol. in-8°.

Demiau-Crouzillac. — Éléments du droit et de la pratique ou Instruction sur la procédure par principes. Paris, 1811, in-4°. On connaît du même auteur un autre ouvrage intitulé : Explication sommaire du Code de précédure civile à l'usage des étudiants. Paris, 1825, in-8°.

Carré. — Cours élémentaires de procédure civile et criminelle, etc., revu et annoté par Foucher, 1833, in-8°. — V. au n° 68.

Pigeau. — Introduction à la procédure civile, 6e édit., revue par feu Poncelet et Lucas Championnière, 1842, in-18. Cet ouvrage est disposé par demandes et réponses, afin de faciliter les examens.

Rogron. — Code de procédure civile expliqué, 8e édit., 1844, — V. n° 43.

67. *Commentaires et traités généraux.*

Berriat Saint-Prix. — Cours de procédure civile et de droit criminel, 6e édit., 1835-36, 3 vol. in-8°. De nouvelles lois promulguées en 1838 et 1841, ayant modifié le Code de procédure, M. Berriat Saint-Prix a publié des suppléments destinés à tenir son livre au courant de la législation.

C'est un bon livre. L'auteur possède au dernier degré le talent de l'analyse, et l'on peut dire de ses notes : *breves quidem sed succi plenæ.* (Dupin, Bibliothèque choisie de droit.) M. Berriat Saint-Prix, ancien professeur de droit à Grenoble, professe à Paris depuis 1820. Il est membre de l'Institut.

Bioche. — Dictionnaire de procédure civile et commerciale, 3e édit. 1844, 6 vol. in-8°. Sous ce titre modeste, cet ouvrage cache un traité véritablement approfondi sur la procédure française comparée dans toutes ses parties avec la jurisprudence; MM. Dalloz, Paillet, de Vatimesnil et de Villeneuve l'ont entouré de leurs suffrages.

M. Bioche, docteur en droit et avocat à la cour royale de Paris, poursuit sans cesse la démonstration de ses principes dans un journal de procédure dont il est le seul rédacteur.

Boitard. — Leçons sur le Code de procédure civile publiées avec le consentement de Mme Boitard, sa mère, par G. de Linage, docteur en droit, 1841. 2 vol. in-8°.

Cet ouvrage a réhabilité la procédure dans l'esprit des jeunes légistes, et fait regretter vivement la mort prématurée de son savant et éloquent auteur.

Boncenne. — Théorie de la procédure civile, précédée d'une introduction, 2e édit., 1837-1844. 6 vol. in-8°.

Boncenne, professeur à la faculté de droit de Poitiers, est mort après avoir publié seulement le quatrième. Le cinquième, dû aux talents de son successeur et élève, M. Bourbeau, vient de paraître. Cet ouvrage (et surtout la continuation) est très-estimé.

Carré. — Les lois de la procédure civile, ouvrage dans lequel l'auteur a refondu son analyse raisonnée et ses questions sur la procédure, 2e édit., annotée par M. Chauveau (Adolphe), professeur à la faculté de droit de Toulouse. 7 vol. in-8°. 1842 et 1843.

Carré était professeur à Rennes et ami de Toullier, qui dans le tome 6 de son cours, p. 765, en fait l'éloge.

Lepage. — Nouveau traité et style de la procédure civile, 5e édit., 1811, in-4°. Cet ouvrage a été traduit à Gœttingue de 1808 à 1813, sur la 1re édit., par J. Ep. C. Wehrs, 2 vol.

Pigeau. — Commentaire sur le Code de procédure civile, revu et publié par MM. Poncelet et Lucas Championnière, 1827. 2 vol. in-4°.

C'est une œuvre posthume qui avait besoin de la révision de MM. Poncelet et L. Championnière.

— La Procédure civile des tribunaux de France, 5e édit., revue par Crivelli, 1837, 2 vol. in-4°.

Ouvrage peu profond, mais clair et bien disposé.

Pigeau, ancien professeur à la faculté de Paris, avait été

l'un des rédacteurs du Code de procédure civile. Il est mort en 1818.

Rauter. — Cours de procédure civile fait à la faculté de Strasbourg, 1834, in-8°.

M. Rauter est doyen de la faculté de droit et ancien bâtonnier de l'ordre des avocats. Son ouvrage est très-estimé.

Rodière. — Exposition raisonnée des lois de la compétence et de la procédure en matière civile, 1839-43, 3 vol. in-8°.

Thomines Desmazures. — Commentaire sur le Code de procédure civile, 1832. 2 vol. in-4°.

M. Th. Desmazures est mort professeur à Caen.

BULLETIN BIBLIOGRAPHIQUE ÉTRANGER.

68. *Cours, commentaires et traités généraux.*

Dabelow (E. E. D.). — Das franzos civilverfahr... La procédure civile française exposée systématiquement d'après les lois et les meilleurs auteurs, et accompagnée de formules, grand in-8°. Hall, 1809. — V. n° 46.

Dalwigk (Ch. Fr. Aug. Ph. de). — Handbuch des franzos civil. prozesses. Manuel de procédure civile française comparée à la procédure du royaume de Westphalie et à la procédure commune allemande, et accompagné d'une introduction historique, 2 vol. grand in-8°. Hadamer, 1809-13. 1er vol. divisé en trois parties, le 2e en une seule.

L'auteur, né en 1761, et mort en 1827, était professeur à Brunswick, dont l'université a été réunie à celle de Gœttingue.

Kulenkamp (E. J.). — Darstell. des. execut. Verfarhr. nach der Westph. und franzos. Proc. ordn. Exposition raisonnée de la procédure d'après les lois de France et de Westphalie, 3 vol. grand in-8°. Gœttingue, 1811-12.

Kulenkamp était professeur à l'université de Gœttingue.

Lehzen (H. Ad.). Ausfurl. system. des franzos. civ. Prozess. Système complet de la procédure française, grand in-8°. Hambourg, 1812.

Mittermaïer (Ch. J. Ant.). — Der gemeine Deuts. burger. Prozess. civ. vergleich, mit d. Prussisch. und franzos. Verfahr., grand in-8°. Bonn, 1820. La procédure civile allemande comparée à la procédure civile prussienne et française.

Cet ouvrage, très-estimé, a eu de nombreuses éditions.

M. Mittermaïer, ancien professeur à Bonn, est actuellement l'un des plus savants professeurs de l'université de Heidelberg.

Müller (G. S.).—Praktisch. Handb. des franzos. Prozes. Manuel pratique de la procédure française accompagné d'une instruction sur le style judiciaire français. 2 vol. avec un livre de formules, grand in-8°. Leipsig, 1811-12.

Rappart (Fr. G. de). — System. Darstell. des franz. Prozes. Ordn. Exposition systématique de la procédure française et de l'organisation judiciaire, 2 vol. grand in-8°. Essen, 1813.

L'auteur, mort il y a quelques années, était président de la cour royale de la Prusse supérieure.

Rosenthal (J. G. Aug.). — Grundlage des franz. gerichtsl. Verfahr... Principes de la procédure judiciaire française dans les affaires civiles, grand in-8°. Brême, 1812.

Salchow (J. Eh.). — Erœrterung üb. des gerichts. Verfahr. in burg. Rechts-streitigk. nach d. neu. franz. Recht. Explication de la procédure judiciaire dans les affaires civiles d'après le nouveau droit français, grand in-8°. Leipsig, 1808.

Cet auteur, né en 1782, est professeur à Halle.

Schleink (J. H.). — Comentar üb die franz. civ. Prozess. Ordn. Commentaire sur la procédure civile française. Coblentz, 1843. 1 vol. in-8°.

ART. 4. — CODE DE COMMERCE.

§ 1er. — COMPOSITION, HISTOIRE ET PROMULGATION.

69. Le Code de commerce renferme, en quatre livres et six cent quarante-huit articles, l'ensemble des lois civiles qui a pour objet le commerce de terre et de mer. Le premier livre contient les lois qui régissent le commerce en général; le deuxième les lois particulières au commerce maritime; le troisième traite des faillites et banqueroutes, et le quatrième est consacré à l'organisation et à la compétence des tribunaux de commerce. Ces livres furent adoptés et promulgués séparément, mais ils ne furent mis à exécution qu'à une même époque, comme le Code de procédure civile.

70. Les sources du droit commercial n'ont pas une origine très-reculée. Les lois rhodiennes ont laissé très-peu de traces dans le Digeste; ce n'est qu'après le douzième siècle qu'on recueillit et qu'on rédigea par écrit les usages que les divers peuples commerçants avaient, par un consentement tacite, con-

sacrés comme lois. Les plus anciens monuments qui les aient retracés, sont le Consulat de la mer et les jugements ou rôles d'Oléron; sont venus ensuite les règlements d'Amalfi et de Wisbuy, les recueils de décisions et d'usages des villes Anséatiques, le Guidon de la mer et les édits de nos rois.

71. Mais les éléments principaux du Code de commerce sont tirés de deux célèbres ordonnances de Louis XIV, dues au génie de Colbert, celle de 1673 sur le commerce de terre, et celle de 1681 sur celui de mer. Ces deux ordonnances, la dernière surtout, avaient été adoptées généralement par le commerce de l'Europe, et leur sagesse semblait devoir leur assurer une longue durée. Cependant un siècle à peine s'était écoulé, que des lacunes se révélèrent. Une commission fut créée en 1787, à l'effet de réviser les lois commerciales en général; mais la révolution vint interrompre ce travail.

72. Il paraît du reste que la nécessité de cette révision n'était pas généralement sentie, car l'assemblée constituante, qui posa les bases de la réforme des lois civiles et de procédure dans la loi des 16-24 août 1790, ne dit pas un mot des lois commerciales; et même, lorsque par un arrêté du 13 germinal an IX (3 avril 1801) le premier consul eut nommé une commission pour la préparation d'un projet de code de commerce, lorsque les observations des tribunaux et conseils de commerce, des tribunaux de cassation et d'appel, eurent été publiées et examinées, cette nécessité d'une révision parut encore si douteuse que tous les travaux restèrent suspendus pendant plusieurs années.

73. Ce ne fut pour ainsi dire que par accident que le projet

fut exhumé des archives du Conseil d'état, ainsi que le révèle le rapporteur du livre 3e, M. Crétet (séance du 24 fév. 1807) : « La nécessité de rétablir de nouvelles dispositions contre les faillites, a-t-il dit, est peut-être le principal des motifs qui ont déterminé à rédiger un code de commerce. » Le scandale de quelques faillites qui avaient éclaté simultanément dans la capitale avait en effet indigné Napoléon, qui résolut de réprimer ces désordres par la législation.

74. En conséquence, le 4 nov. 1806, on reprit au Conseil d'état la discussion du projet de code de commerce. Ce projet avait été préparé par la commission du 13 germ. an IX, composée de Vignon, président du tribunal de commerce; Gorneau, juge au tribunal d'appel; Boursier, ancien juge de commerce; Legras, jurisconsulte; Vital-Roux, négociant; Coulomb, ancien magistrat, et Mourgues, administrateur des hospices. Il avait été révisé et amendé par Gorneau, Legras et Vital-Roux, d'après les observations des chambres et tribunaux de commerce, des tribunaux d'appel et de cassation, et enfin il avait été communiqué à la section de l'intérieur du Conseil d'état au lieu de l'être à celle de législation, sans doute à cause de cette ancienne confusion d'idées qui avait fait placer les tribunaux de commerce dans les attributions du ministre de l'intérieur, parce qu'il était chargé de la partie administrative du commerce de France.

75. Du reste, la discussion eut lieu comme pour les deux codes précédents, et elle fut terminée le 29 août 1807. Le Code de commerce ne reçut toutefois force obligatoire qu'à compter du 1er janv. 1808, en exécution de la loi du 15 sept. 1807, dont

l'art. 2 abroge toutes les anciennes lois touchant les matières commerciales, sur lesquelles il est statué par ledit code. Cette disposition est moins générale qu'elle ne le paraît, car la jurisprudence n'a jamais cessé d'appliquer les lois antérieures qui statuent sur des matières dont le Code a seulement réglé quelques points, comme celles qui traitent des bourses de commerce, des agents de change et des courtiers.

§ 2. — MODIFICATIONS APPORTÉES AU CODE DE COMMERCE DEPUIS SA PROMULGATION.

76. Les rédacteurs du Code de commerce s'étaient fait un scrupule de toucher aux parties fondamentales des belles ordonnances de Louis XIV; ils y avaient peu ajouté et n'en avaient retranché que les dispositions qui s'appliquaient plutôt à l'administration qu'au droit commercial proprement dit. La matière des faillites seulement, qui était l'objet de prédilection de Napoléon, fut entièrement refondue et organisée dans toutes ses parties avec un ensemble brillant de théorie qui ne satisfi nullement la pratique.

77. Cependant le Code de commerce ne reçut aucune atteinte à sa pureté primitive, jusqu'à la loi sur les lettres de change du 19 mars 1817, qui modifie les articles 115 et 160. Cette loi interprétative fut un retour aux véritables principes, car on sait que la loi du 16 sept. 1807 autorisait le Conseil d'état à interpréter des lois que cependant il n'avait pas créées. (l. 28 juillet 1828; 1er avril 1837.)

78. La seconde modification au Code de commerce résulte de la loi du 31 mars 1833, portant que les extraits des actes de société en nom collectif ou en commandite devront être insérés dans les journaux désignés par les tribunaux de commerce, et rectifiant dans ce sens les art. 42 et 46. Une décision du 12 février 1814, rendue par l'impératrice Marie-Louise, en qualité de régente, contenait des dispositions à peu près semblables; mais la Cour de cassation avait refusé de l'appliquer comme inconstitutionnelle et excédant les pouvoirs de la régente.

79. Le 28 mai 1838, une loi sur les faillites et banqueroutes a répondu aux plaintes anciennes et réitérées du commerce; la discussion en avait eu lieu pendant trois sessions successives. Cette loi a été substituée entièrement au livre troisième du Code de commerce, et a modifié spécialement les art. 13, 69 et 635. Elle ne produira peut-être pas tout le bien qu'on est en droit d'en attendre, parce qu'on y a suivi trop servilement l'ancien texte et le système qu'il consacrait. Ainsi la déclaration de la faillite, la création d'un syndicat, la vérification et l'affirmation des créances, le concordat, l'union et la juridiction des tribunaux de commerce, toutes ces dispositions, qui sont loin d'être sans critique, ont été conservées sans distinction de l'importance de la faillite et considérées comme des mesures excellentes.

80. La compétence des tribunaux de commerce a été aussi l'objet de l'attention du législateur. La loi du 3 mars 1840, qui a fixé cette matière, a modifié les art. 639, 646, 623, 627, 617 et 622. La disposition principale de cette loi consiste dans

l'élévation à quinze cents francs du taux en dernier ressort au lieu de mille francs.

81. La dernière loi qui ait apporté quelque changement au Code de commerce est celle du 14 juin 1841, qui restreint la responsabilité des propriétaires de navires et modifie les art. 216, 234 et 298. Toutes les modifications antérieures à cette loi ont été insérées dans la nouvelle édition officielle du Code de commerce, donnée le 1er janv. 1841. Comme on le voit, le commerce de terre et celui de mer ont généralement reçu les améliorations que leurs besoins réclamaient.

BULLETIN BIBLIOGRAPHIQUE FRANÇAIS ET ÉTRANGER.

Bulletin français.

82. *Travaux préparatoires.*

Favard de Langlade. — Dans son ouvrage intitulé : Motifs des cinq Codes, deux tomes qui se relient habituellement en un volume in-12, sont consacrés au Code de commerce. — V. n° 39.

Locré. — Dans son grand ouvrage intitulé : La législation civile, commerciale, etc., l'auteur a consacré trois volumes au Code de commerce. — V. n° 39.

83. *Code de commerce annoté.* MM. Paillet, Sirey et Teulet ont également donné des notes sur le Code de commerce. — V. n° 40.

84. *Code de commerce conféré avec le droit étranger.*

Anthoine de Saint-Joseph. — Concordance entre les Codes

de commerce étrangers et le code de commerce français, 1 vol. in-4°, 1844.

Cet ouvrage est conçu sur le même plan que celui sur le Code civil, et se recommande par les mêmes mérites.

85. *Traités élémentaires.*

Bravard-Veyrière. — Manuel de droit commercial contenant un traité élémentaire sur chaque titre du Code, 1840, 2e édit., 1 vol. in-8°.

M. Bravard est professeur de droit commercial à la faculté de Paris. Son ouvrage est très-bien conçu : il réunit la concision à la clarté.

Delvincourt. — Institutes de droit commercial français, 2e édit., 1834, 2 vol. in-8°. L'auteur a suivi pour cet ouvrage la même méthode que pour celui sur le Code civil. — V. n° 43.

Pardessus. — Éléments de jurisprudence commerciale, 1811, in-8°. — V. plus bas.

Rogron. — Code de commerce expliqué, 7e édition, 1844. — V. n° 43.

Sautayra. — Code de commerce nouvellement expliqué, 1836, in-8°.

Ces deux derniers ouvrages sont surtout destinés aux étudiants.

86. *Commentaires et traités généraux.*

Boulay-Paty. — Cours de droit commercial maritime, d'après les principes et suivant l'ordre du Code de commerce, 1834, 4 vol. in-8°. Ouvrage estimé.

Frémery. — Études du droit commercial ou du droit fondé sur la coutume universelle du commerce, 1833, 1 vol. in-8°.

Goujet et Merger. — Dictionnaire de droit commercial, 4 vol. in-8°, 1844.

Ce qui a paru de cet ouvrage le place au rang de nos meilleures productions sur le droit commercial, qui y est considéré avec toute l'importance qu'il mérite et qu'il acquiert chaque jour.

MM. Goujet et Merger, avocats à la cour royale, sont déjà connus par d'utiles publications sur diverses matières.

Maugeret. — Législation commerciale de l'empire français, ou Code de commerce commenté, 1808, 3 vol. in-8°.

Mongalvy et Germain. — Analyse raisonnée du Code de commerce, 1824, 2 vol. in-4°.

Pardessus. — Cours de croit commercial, 5e édit., 1841-42, 6 vol. in-8°. Cet ouvrage, qui a rendu célèbre son auteur, est accompagné d'un travail bibliographique très-complet sur le droit commercial. Il a été traduit en allemand, à l'exception du droit maritime, par Aug. Schiebe. La préface de la traduction est de M. Mittermaier, 1 vol. in-8°, 1838.

M. Pardessus, membre de l'Institut, a été professeur à l'école de droit et conseiller à la Cour de cassation. Sa réputation de science et d'honneur est européenne.

Vincens. — Exposition raisonnée de la législation commerciale et examen critique du Code de commerce, 1834, 3 v. in-8°. Ouvrage estimé.

Bulletin étranger.

87. *Traités élémentaires.*

Broicher et Grimm. — Das französ Handels-Gesetzb. übersetzt und erlautert. Le Code de commerce français traduit et expliqué. Cologne, 1844.

Les auteurs sont juges au tribunal de première instance à Cologne.

Fahnenberg. K. H. Fr. de-Magazin für die Handlung, Handlung-Gesetzgeb. und Finanz-verwalt Frankreichs und d. Bundstaat. Dictionnaire de commerce, de législation commerciale, d'administration financière de France et de la Confédération germanique. 3 vol. gr. in-8°. Heidelberg et Carlsruhe, 1810-12.

Voyez encore Schiebe (n° 86) et Thilo (n° 40, Sirey).

ART. 5. — CODES D'INSTRUCTION CRIMINELLE ET PÉNAL.

§ 1er. — COMPOSITION, HISTOIRE ET PROMULGATION.

88. Ces deux codes sont ordinairement désignés sous l'expression de *Code criminel.* Le premier s'occupe des règles de la procédure judiciaire, le second des dispositions répressives des crimes, délits et contraventions. Le Code d'instruction criminelle est divisé en deux livres et six cent quarante-trois articles. Le premier livre, précédé d'un titre de dispositions préliminaires, s'occupe de la police judiciaire, et le deuxième de la justice. Le Code pénal est divisé en quatre livres et quatre cent quatre-vingt-quatre articles. Le premier livre, précédé également de dispositions préliminaires, traite des peines en matière criminelle et correctionnelle et de leurs effets; le

deuxième, des personnes punissables, excusables ou responsables, pour crimes et délits; le troisième, des crimes, des délits et de leur punition; le quatrième, des contraventions de police et peines y attachées. Ces deux codes ont été mis en vigueur dans le même temps.

89. La législation criminelle ancienne est de toutes les autres branches du droit celle qui présente le plus d'imperfection, d'incertitude et d'arbitraire. Les deux lois principales sur cette matière, qui sont les ordonnances de 1539 et 1670, renferment de nombreuses dispositions où l'absurde le dispute à la barbarie. Aussi, bien avant la révolution de 1789, la philosophie, bravant tous les dangers qui environnent souvent l'expression de vérités qui ne s'accordent pas avec les intérêts du pouvoir, avait condamné ces vices de nos institutions.

90. La première de ces ordonnances, due au chancelier Poyet, consacra le secret le plus complet pendant toute l'instruction, refusa un défenseur et même un conseil à l'accusé, et le mit dans l'impossibilité d'exercer utilement le droit de reprocher les témoins, en exigeant que le reproche fût articulé dès la notification de leurs noms, et sans pouvoir prendre aucun renseignement sur leur moralité. Dumoulin, contemporain de cette ordonnance voulant en blâmer les principes rigoureux, s'exprimait ainsi, en faisant en même temps allusion au sort du chancelier, alors accusé de péculat, qui demandait vainement un défenseur et un sursis pour reprocher les témoins : « *Vide, vide tyrannicam impii Poyeti opinionem, vide duritiam iniquissimam per quam etiam aufertur defensio; sed nunc judicio Dei justo redundat auctorem.* »

91. Du reste, les formes qu'établissait cette ordonnance n'obligeaient que les tribunaux et laissaient au pouvoir tous ses usages arbitraires; aussi voit-on dans les Mémoires de Tavannes que l'amiral de Châtillon, le duc de Guise, le cardinal son frère, le maréchal d'Ancre, d'Albigny, le comte de Beine, furent mis à mort sans jugement, et d'après le seul commandement du roi.

92. L'ordonnance de 1670 fut plus complète, mais ne fut pas meilleure. Lamoignon eut à défendre les droits de l'humanité contre le conseiller Pussort, son rédacteur; et malgré ses justes observations, elle consacra l'usage impie, introduit à la suite de la procédure de l'inquisition, de contraindre l'accusé, avant de subir l'interrogatoire, à prêter serment de la vérité de son système de défense, le plaçant ainsi dans la nécessité de se parjurer pour sauver sa vie. Elle n'accorda pas davantage un défenseur à l'accusé; et par une étrange bizarrerie, elle permit qu'il conférât, après l'interrogatoire, avec un conseil, mais seulement dans les crimes non capitaux, refusant ainsi tout secours étranger au malheureux qui avait à se prémunir, pour sauver son honneur et sa vie, non-seulement contre les insinuations habiles du juge, mais encore contre les tortures corporelles de la question, autorisée précisément à défaut de preuves complètes dans les crimes capitaux.

93. La même ordonnance permet encore qu'à défaut de preuves suffisantes, et malgré la résistance la plus énergique au milieu des horreurs de la question, le juge puisse retenir l'accusé et le condamner aux galères perpétuelles, en lui faisant grâce de la vie.

94. Les nullités qui peuvent s'être glissées dans une procédure criminelle nécessitent de nos jours principalement l'assistance d'un conseil; l'ordonnance ne le comprenait pas ainsi, car elle disait, art. 8, tit. 14 : « Laissons au devoir et à la religion du juge d'examiner avant le jugement s'il n'y a point de nullité dans la procédure. » Qui constituait-on ainsi les gardiens des intérêts de l'accusé? les juges eux-mêmes qui pouvaient se trouver en faute.

95. Ces deux ordonnances ne traitaient pas spécialement des peines qui dépendaient de quelques ordonnances, de l'usage et de la prudence du juge, à proportion de la grandeur du crime. (Jousse, *Ord. de* 1669; *Idée de la justice crimin.*, p. 36) (1).

---

(1) Non-seulement les peines étaient arbitraires pour les cas qualifiés crimes ou délits par les ordonnances, mais les jurisconsultes mettaient de plus en question s'il était nécessaire, pour qu'un fait criminel en soi méritât peine de mort ou autre peine, que la loi s'en fût expliquée formellement. Ainsi Papon, liv. 24, tit. 10, n°s 2 et 3, rapporte trois arrêts, l'un du parlement de Paris (déc. 1545), et deux du parlement de Bordeaux (17 mars 1527 et 12 sept. 1533), qui punissent de mort des individus convaincus de faits criminels non prévus par les ordonnances ou les coutumes. Despeisses, en sa *Pratique criminelle* (partie 1re, tit. 12, sect. 2, art. 4, n° 12), rapporte aussi deux arrêts du parlement de Toulouse, qui ont suivi cette jurisprudence et appliqué la peine de mort à des individus convaincus d'inceste, quoique aucune loi ou ordonnance n'eût prévu ce cas. De même, le parlement de Paris, par arrêt du 22 juin 1673, a confirmé la sentence du

Ces peines étaient, d'après Jousse, le feu, la roue, la potence, la tête tranchée, l'ignominie de la claie, les galères à temps ou à perpétuité, le bannissement perpétuel ou à temps, le poing coupé, la lèvre coupée ou percée d'un fer chaud, le fouet, la flétrissure, l'amende honorable, le pilori, le carcan, la réclusion à temps ou à toujours dans une maison de force, le blâme et l'admonestation. Cette longue énumération de douleurs ne comprend pas encore les peines spéciales des militaires et marins, des esclaves, des ecclésiastiques, ni celles des régicides (1).

---

lieutenant-criminel du Châtelet, qui avait condamné à mort un prêtre ayant abusé de sa pénitente, bien qu'aucune loi ou ordonnance n'imposât cette peine à un tel fait. Une semblable jurisprudence qu'on a peine à concevoir dans notre temps d'humanité et de justice, est un exemple frappant de l'arbitraire qui s'était glissé dans le droit criminel ancien. Il ne faut pas oublier cependant que le parlement de Paris avait quelquefois adopté une doctrine contraire (arrêt du 22 janvier 1658), et que les jurisconsultes avaient souvent rappelé cette loi de Papinien : *Facti quidem quæstio in arbitrio est judicantis; pœnæ verò persecutio non ejus voluntati mandatur, sed legis auctoritati reservatur.* (l. 1, § 4, ff. *ad senat. Turpilianum.*)

(1) On rapporte ainsi l'arrêt de Damiens, assassin de Louis XV, qui souffrit du reste le même supplice que Ravaillac : « La cour condamne Robert-François Damiens à faire amende honorable devant la principale porte de l'église de Paris, où il sera mené et conduit dans un tombereau, nu, en chemise, tenant une torche de cire ardente, du

96. Cette législation, où l'on semble vouloir effacer l'horreur du crime par la cruauté du châtiment, régnait encore sur la France lors de l'avénement de Louis XVI. Ce prince, à qui l'on doit reconnaître les sentiments philanthropiques les plus élevés, mit tous ses soins à la réformer. Par sa déclaration du 24 août 1780, il donna une preuve de ces sentiments en proscrivant et abolissant la question préparatoire dans ses domaines, par la raison que les forces physiques d'un accusé ne peuvent être une mesure infaillible de l'innocence ou du crime. Par sa déclaration, du 23 sept. 1788, relative à la réunion des

---

poids de deux livres; et là, à genoux, dire et déclarer que, méchamment et proditoirement, il a commis ce très-méchant, très-abominable et très-détestable parricide, et blessé le roi d'un coup de couteau dans le côté dudit, dont il se repent et demande pardon à Dieu, au roi et à la justice. Ce fait, mené et conduit, dans ledit tombereau, à la place de Grève; et, sur un échafaud qui y sera dressé, tenaillé aux mamelles, bras, cuisses et gras de jambe, sa main droite, tenant en icelle le couteau dont il a commis ledit parricide, brûlée de feu de soufre, et sur les endroits où il sera tenaillé, jeté du plomb fondu, de l'huile bouillante, de la poix résine brûlante, de la cire et soufre fondus ensemble, et ensuite, son corps tiré et démembré à quatre chevaux, et ses membres et corps consumés au feu, réduits en cendres, et ses cendres jetées au vent; déclare tous ses biens, meubles et immeubles acquis et confisqués au roi; ordonne que la maison où il sera né sera démolie, celui à qui elle appartient préalablement indemnisé, sans que sur le fonds de ladite maison il puisse à l'avenir être fait aucun autre bâtiment.

Etats-Généraux, il manifesta de nouveau son intention de perfectionner la législation criminelle, et son zèle pour une œuvre aussi belle ne lui permettant pas d'attendre qu'ils fussent assemblés, il établit, par lettres patentes du 6 janv. 1789, une commission chargée de simplifier la forme de procéder, tant en matière civile qu'en matière criminelle, et de réformer les anciennes ordonnances concernant les peines. Cette commission n'eut cependant pas le temps de s'occuper de son travail : les États-Généraux, conformément aux vœux exprimés dans les cahiers et au désir de Louis XVI, renouvelé dans son discours du 22 juin 1789, portèrent leur attention sur cette matière importante dès le commencement de leurs travaux.

97. Une première loi, décrétée les 8 et 9 octobre 1789, établit des améliorations considérables, quoique partielles, tout en reconnaissant la nécessité d'une réforme entière de l'ordre judiciaire, pour la recherche et le jugement des crimes, réforme dont l'exécution demandait la lenteur et la maturité des plus profondes méditations, mais dans l'attente de laquelle on ne pouvait cependant reculer l'application immédiate des grands principes reconnus par l'assemblée nationale.

97 *bis*. Ces améliorations, qui forment le point de départ de la révision du droit criminel, sont bonnes à rappeler. Les art. 1, 2, 3, 4, 6 et 7 ont pour but de rétablir l'ancienne institution des échevins sous le nom de notables, nommés par la communauté des habitants de chaque lieu, parmi lesquels devaient être pris les adjoints qui assisteraient à l'instruction des procès criminels. L'art. 11 porte, « qu'après la comparution ou l'arrestation de l'accusé, l'instruction sera contradic-

toire et publique;» l'art. 10 lui donne le droit de se choisir un ou plusieurs conseils; l'art. 14 lui permet de demander, après l'interrogatoire, une copie des pièces; l'art. 19, de proposer, en tout état de cause, ses défenses et faits justificatifs; l'art. 24 abolit l'usage de la sellette au premier interrogatoire, et la question dans tous les cas; et enfin l'art. 22 exige que le jugement exprime les faits pour lesquels il punit, et défend de condamner d'après l'ancienne formule, *pour les cas résultant du procès.*

98. D'autres dispositions ayant pour but d'adoucir les peines, de les rendre égales pour tous, suivirent bientôt, et la loi du 16-24 août 1790, dont il a déjà été parlé, couronna ces améliorations en proclamant que la procédure par jurés aurait lieu en matière criminelle (art. 15, tit. 2). Elle ajouta que le Code pénal serait incessamment réformé, de manière que les peines fussent proportionnées aux délits, observant qu'elles soient modérées, et ne perdant pas de vue cette maxime de la déclaration des droits de l'homme, « que la loi ne peut établir que des peines strictement et évidemment nécessaires. » (Art. 21, tit. 2.)

99. L'infatigable assemblée constituante ne fit pas longtemps attendre cette réforme : 1° le 19 juillet 1791 fut décrétée une loi, sanctionnée le 22, relative à l'organisation d'une police municipale et correctionnelle; 2° les 16-29 sept. de la même année, parut une autre loi concernant la police de sûreté, la justice criminelle et l'établissement des jurés; 3° et enfin les 25 sept.-6 oct., un code pénal fut décrété. Le 29 sep. 1791, fut

aussi rendu un décret en forme d'instruction pour la procédure criminelle.

100. Le Code pénal de 1791 recueillit les améliorations déjà publiées, y en ajouta de nouvelles, et fut considéré généralement comme répondant aux besoins du temps. Un seul reproche sérieux lui a toujours été fait; c'est d'avoir contraint le juge à être injuste ou faible, en repoussant, par crainte de l'arbitraire, la bienfaisante latitude du *minimum* et du *maximum*, en établissant partout des règles absolues qui défendaient l'appréciation des circonstances, et empêchaient ainsi la proportion recommandée par la loi des 16-24 août 1790, entre la peine et le délit.

101. Les lois de 1791 restèrent en vigueur jusqu'à la loi du 3 brumaire an IV, connue sous le nom de *Code des délits et des peines*, et composée de six cent quarante-six articles. Ce code fut une refonte des lois de l'assemblée constituante, sur l'instruction criminelle, pour les mettre en harmonie avec la constitution de l'an III, qui allait être mise en vigueur. Du reste, le Code pénal de 1791 fut presque entièrement maintenu.

102. Le gouvernement consulaire voulut aussi faire procéder à une révision générale de la législation criminelle, qui présentait encore de nombreuses imperfections. Il nomma à cet effet, le 7 germinal an IX, une commission composée de Viellard, président de la section criminelle au tribunal de cassation; Target, Oudard, Treilhard et Blondel. La commission rédigea, sous le titre de Code criminel, correctionnel et de police, un projet unique en onze cent soixante-neuf articles, et divisé en

deux parties, dont la première contenait les dispositions pénales, et la seconde la règle de la procédure criminelle. Ce travail fut imprimé et distribué aux tribunaux de cassation, d'appel et criminels; ces derniers étaient alors distincts des tribunaux civils. Les observations de ces tribunaux furent renvoyées, comme d'usage, à la section de législation du Conseil d'état, présidée alors par Bigot-Préameneu, et composée de Berlier, Galli, Revel, Sicard et Treilhard.

103. La discussion commença au Conseil d'état le 2 prairial an XII, quelques jours après l'avénement de Napoléon à l'empire. Dans la séance du 16 furent présentées les questions fondamentales de la législation criminelle, qu'avait rédigées la section de législation par ordre de l'empereur. Ces questions résument d'une manière si précise les préoccupations de nos législateurs, qu'on nous saura gré sans doute de les rappeler ici. Les huit premiers ont pour objet l'instruction criminelle, et les six dernières la pénalité.

Première question. L'institution du jury sera-t-elle conservée?

Deuxième question. Y aura-t-il un jury d'accusation et un jury de jugement?

Troisième question. Comment seront nommés les jurés? dans quelle classe seront-ils nommés? qui les nommera?

Quatrième question. Comment s'exercera la récusation?

Cinquième question. L'instruction sera-t-elle orale, ou partie orale et partie écrite?

Sixième question. Présentera-t-on plusieurs questions au

jury de jugement? n'en présentera-t-on qu'une : N... est-il coupable?

Septième question. La déclaration du jury sera-t-elle rendue à l'unanimité, ou à un certain nombre de voix?

Huitième question. Y aura-t-il des magistrats qui pourront tenir des assises dans un ou plusieurs tribunaux criminels de département?

Neuvième question. La peine de mort sera-t-elle conservée?

Dixième question. Y aura-t-il des peines perpétuelles? (On sait que le Code pénal de 1791 n'admettait pas de peines perpétuelles, la mort exceptée.)

Onzième question. La confiscation aura-t-elle lieu en certains cas?

Douzième question. Les juges auront-ils une certaine latitude dans l'application des peines? y aura-t-il un *maximum* et un *minimum* qui leur laisseront la faculté de prononcer la peine pour un temps plus ou moins long, suivant les circonstances?

Treizième question. Pourra-t-on placer sous la surveillance certains condamnés qui auront subi leur peine, et pourra-t-on exiger, dans certains cas, des cautions de leur conduite future?

Quatorzième question. Y aura-t-il un mode de réhabilitation pour les condamnés dont la conduite aura mérité cette faveur?

104. On connaît la solution à ces questions discutées avec talent et savoir au sein du Conseil d'état, en présence de l'empereur; on sait qu'un très-petit nombre de ces solutions a été modifié par les lois postérieures, preuve évidente de leur sagesse.

Une autre question importante a été soulevée par Napoléon lui-même; c'était de savoir s'il ne convenait pas de supprimer les tribunaux criminels pour charger de leur mission les cours impériales, afin d'entourer les arrêts criminels de plus d'autorité et de créer des corps de justice assez puissants pour ne point reculer devant la poursuite de personnages influents. Cette proposition fut l'objet d'une vive opposition, parce qu'on la croyait incompatible avec l'institution du jury; le contraire fut prouvé, et elle fut adoptée.

105. Cette discussion se prolongea jusqu'au 29 frim. an XIII (20 décem. 1804), époque où elle fut tout à coup interrompue. Elle ne fut reprise que quatre ans après, en 1808, alors que la section de législation était présidée par Treilhard, et composée de Albisson, Berlier, Faure et Réal. Muraire, premier président de la Cour de cassation, et Merlin, procureur général près la même cour, furent adjoints à la section.

106. On divisa alors le projet originaire en deux codes, l'un relatif aux formes, l'autre à la pénalité; et leur discussion, reprise complétement, eut lieu séparément. Le Code d'instruction criminelle, dont on s'occupa d'abord, fut discuté depuis le 30 janvier 1808 jusqu'au 30 oct. La discussion du Code pénal commença le 4 oct. 1808 et fut terminée le 18 janv. 1810. Ces deux codes reçurent ensuite la sanction législative; le dernier titre du premier fut décrété le 16 décembre 1808, et le dernier titre du second, le 20 févr. 1810.

107. Il est à remarquer qu'il n'y a pas eu, comme pour les autres codes, communication au tribunat, supprimé par un

sénatus-consulte de 1807, et dont les fonctions avaient été transportées à trois sections du corps législatif. Ce fut donc la commission de législation du corps législatif qui reçut cette communication.

108. Les deux codes n'ont pas été mis de suite en activité. Pour le Code d'instruction criminelle, on fut d'abord obligé d'attendre le vote du Code pénal, et lorsque celui-ci fut décrété, le nouveau système de la réunion des deux justices exigea une loi d'organisation judiciaire, qui ne fut rendue que le 20 avril 1810. C'est pourquoi ces codes ne furent mis en vigueur que le 1er janvier 1811.

§ 2. — MODIFICATIONS APPORTÉES AUX CODES D'INSTRUCTION CRIMINELLE ET PÉNAL (1).

109. Au moment où ces codes furent mis en vigueur, l'empereur Napoléon était à l'apogée de sa puissance. Ils dûrent donc se ressentir des idées de despotisme du chef du gouvernement, qui, sans les supprimer, avait su paralyser toutes les institutions libérales. On sait qu'il employait fréquemment des cours

---

(1) Ces modifications étant nombreuses et quelques-unes ayant été abrogées par des lois postérieures, nous citerons seulement les principales parmi celles restées en vigueur. On trouvera de plus amples renseignements dans le *Cours de droit criminel* de M. Berriat-Saint-Prix, p. 55, 4e édit.

spéciales, jugeant sans jurés, pour connaître des crimes contre la sûreté de l'état, et même des commissions millitaires, où, sous des accusations d'embauchage ou d'espionnage, comparaissaient des individus non militaires. L'art. 46 de la constitution de l'an VIII, permettant au gouvernement de faire arrêter les personnes soupçonnées de conspiration contre l'état, et l'art. 75 protégeant les agents de l'administration contre les poursuites de ces personnes, qui ne pouvaient avoir lieu sans son autorisation, l'arbitraire s'était ainsi glissé parmi les officiers dont les pouvoirs s'étendaient sur la liberté individuelle; et, comblant toute mesure, l'empereur avait établi en mars 1810, par un simple décret, des prisons d'état pour les personnes, était-il dit, *qu'il était également impossible, à cause du salut de l'état, de relâcher ou de mettre en jugement.*

110. Ces maximes ne promettaient pas beaucoup de douceur et de libéralité dans les institutions du droit criminel; aussi le Code d'instruction criminelle confirma l'établissement des cours spéciales, jugeant sans jurés et à l'adjonction de militaires, et renvoya généralement aux dispositions de la constitution de l'an VIII, en ce qui concernait la liberté individuelle (art. 615). Le Code pénal appliqua trop souvent la peine de mort à des cas où la société n'était pas en danger, réhabilita la confiscation des biens et rétablit la mutilation corporelle et la marque. Il est vrai de dire cependant qu'il accordait aux juges la faculté d'appliquer la peine entre un *minimum* et un *maximum*, mais il supprimait, comme jaloux de cette concession, la disposition de l'art. 612 du Code de brumaire, qui leur permettait même de réduire la peine criminelle à une peine

correctionnelle, suivant les faits d'excuse reconnus dans l'instruction.

111. Il ne faut pas croire que le gouvernement impérial suivit au moins consciencieusement des dispositions où il avait eu tant de part ; des décrets arbitrairement rendus le débarrassaient encore de celles qui offraient quelque obstacle à sa politique. Par ces décrets, il établit plusieurs fois la peine de mort (sénat. de déchéance du 3 avril 1814), autorisa les conseils de guerre à juger selon la conscience de ses membres, proportionnant les peines aux délits, lors même qu'il s'agirait de délits non prévus (décr. du 1er mai 1812), et institua des cours prévôtales chargées d'appliquer même la peine capitale (décret du 18 octobre 1810).

112. Le jour des revers arrivé, toutes ces illégalités furent amèrement reprochées à l'empereur et flétries par le sénat et le corps législatif, qui cependant n'avaient pas eu le courage de s'y opposer. Le nouveau gouvernement se hâta de les faire disparaître, et la Charte de 1814 vint rassurer les Français sur la liberté individuelle, en la plaçant sous la garantie de la loi (art. 4), sur le droit de n'être pas distrait de ses juges naturels, en supprimant pour toujours les tribunaux et commissions extraordinaires, réserve faite pour les juridictions prévôtales qui eurent encore des jours de sanglants triomphes (art. 62, 63), et enfin sur la propriété, par l'abolition absolue de la peine de la confiscation générale des biens (art. 66).

113. Au commencement de la restauration, quelques modifications, qui ne furent heureusement que transitoires, furent apportées au Code d'instruction criminelle. Nous ne nous

arrêterons pas à ces lois de réaction concernant la liberté individuelle, les cris séditieux et provocations à la révolte, le rétablissement des cours prévôtales : aucune n'a survécu aux circonstances qui les avaient fait voter.

114. La liberté de la presse fut aussi l'objet des préoccupations du gouvernement de la restauration. La loi du 26 mai 1819, sur les poursuites en matière de presse, a modifié un grand nombre de dispositions du Code d'instruction criminelle; celle du 17 mai de la même année, sur la répression des délits de la presse, a en outre apporté des changements au Code pénal. La loi du 25 mars 1822, sur ces mêmes délits, a exercé son influence sur les deux Codes. Quelques-uns des articles de cette dernière loi sont abrogés. (V. l. 8 oct. art. 5 ; et M. Parant, *Lois de la presse*, p. 137 à 140.)

115. Les modifications les plus importantes apportées au Code pénal par la restauration, résultent de la loi du 25 juin 1824, aujourd'hui abrogée; elle a préparé les améliorations réalisées ultérieurement, et, à ce titre, nous devons nous y arrêter. On lui doit notamment le rétablissement des excuses, autorisant les tribunaux à abaisser la peine; mais la proposition de ces excuses, ou circonstances atténuantes, n'appartenait encore qu'aux tribunaux.

116. Le dernier changement que reçut le Code pénal, pendant la restauration, résulte de la loi du 28 juillet 1824 sur les altérations ou suppositions de marques des produits fabriqués ; elle déroge aux art. 142 et 143. Cette loi est la dernière encore en vigueur, puisque celle du 20 avril 1825, sur le sacrilége, a été abrogée le 11 octobre 1830.

117. Quelques articles du Code d'instruction criminelle ont ensuite été modifiés ou abrogés par la loi du 2 mai 1827, sur le jury, en ce qui concerne la capacité des jurés, les listes générales, annuelles et de session.

118. La Charte de 1830 est venue compléter le principe, que nul ne peut être distrait de ses juges naturels, en abolissant même la faculté que s'était réservée et dont avait fait usage la restauration, de créer des cours prévôtales (art. 57). De cette déclaration, qui est maintenant acquise à notre droit public, résulte l'abrogation des art. 553 à 599 du Code d'instruction criminelle.

119. La révolution de 1830 a été le signal de modifications législatives qui portent atteinte à la fois aux Codes d'instruction criminelle et pénal; il est vrai de dire que ces modifications constituent en général de véritables améliorations.

120. Conformément à l'art. 69 de la Charte de 1830, le jury a été appliqué aux délits de la presse et aux délits politiques par la loi du 8 oct. 1830. La procédure en matière de presse a été aussi réglementée par la loi du 8 avril 1831. Ces deux lois ont modifié quelques articles du Code d'instruction criminelle.

121. D'autres lois moins importantes, notamment du 10 décembre 1830 sur les crieurs publics, du même jour sur les juges auditeurs, du 4 mars 1831 sur les cours d'assises, du 17 avril 1832 sur la contrainte par corps, ont modifié soit le Code d'instruction criminelle, soit le Code pénal.

122. Les changements les plus importants qu'aient subis ces deux codes, depuis leur mise en vigueur, résultent de la loi

du 24 avril 1832. Cette loi, dont les dispositions ont été incorporées au texte primitif, a modifié les art. 206, 339, 340, 341, 345, 347, 368, 372, 399 et 619 du Code d'instruc. crim., a abrogé en entier les art. 20, 23, 24, 37, 38, 39, 46, 103, 104, 105, 106, 107, 136, 137 et 280 du Code pénal, et modifié les dispositions de quatre-vingt-huit autres. (V. le *Cours de droit crim.* de M. Berriat-Saint-Prix, 4e édit., p. 54 à 62.)

123. Le Code d'instruction criminelle révisé a consacré l'omnipotence du jury en lui accordant le droit qu'avait exclusivement la cour, pour des cas même restreints, de proposer des circonstances atténuantes. Ce droit ne pouvait être exercé qu'à la majorité de plus de sept voix; mais une loi du 9 septembre 1835 a exigé seulement la simple majorité.

124. Le carcan, la mutilation ont cessé d'appartenir à notre Code pénal; la peine de mort a été remplacée par celle des travaux forcés à perpétuité dans les art. 63, 132, 139, 231, 304, 344, 365, 381, 434, troisième alinéa; par la déportation, dans les art. 89, 91; par les travaux à temps, dans l'art. 434, quatrième et cinquième alinéa; par la détention, dans l'art. 89, et par la réclusion, dans l'art. 434, sixième alinéa. D'autres peines ont aussi été atténuées. Notre législation est ainsi devenue plus humaine, et le nombre des coupables restés impunis a certainement diminué.

125. Les codes révisés ont été mis en vigueur le 1er juin 1832; ils ont eux-mêmes reçu des modifications : 1° le Code d'instruction criminelle, par la loi du 10 avril 1834, sur les associations; par les trois lois du 9 septembre 1835, concernant les crimes et délits de la presse, les cours d'assises, le vote du

jury, et enfin par la loi du 13 mai 1836 sur ce dernier sujet; 2° le Code pénal, par la loi du 10 fév. 1834 sur les afficheurs et crieurs publics; par la loi du 10 avril précitée sur les associations; par celle du 24 mars 1834 sur les détenteurs d'armes et munitions de guerre, et celle du 9 sept. 1835 sur le vote du jury, dans laquelle on a inséré une disposition modificative de l'art. 17.

Comme il est facile de le remarquer, la législation criminelle est la branche de notre droit qui s'éloigne le plus de son origine. Elle avait été organisée sous l'influence du despotisme impérial; le temps a effacé dans les parties principales l'empreinte qu'il y avait laissée; encore quelques années, et il n'en restera plus aucune trace.

BULLETIN BIBLIOGRAPHIQUE FRANÇAIS ET ÉTRANGER.

Bulletin français.

126. *Travaux préparatoires.*

Favard de Langlade. — Cet auteur a consacré, dans son ouvrage sur les cinq Codes, un volume au Code d'instruction criminelle 1810, in-12 et deux au Code pénal 1810, in-12. — V. n° 39.

Locré. — Dans son ouvrage de la législation civile, commerciale et criminelle de la France, les matières criminelles comprennent sept volumes. — V. n° 39.

127. *Codes d'instruction criminelle et pénal annotés.* — V. Paillet, Sirey et Teulet, n° 40.

128. *Traités et commentaires.*

Bavoux. — Leçons préliminaires sur le Code pénal, ou examen de la législation criminelle, etc. — 1821, in-8°.

M. Bavoux est professeur suppléant à la faculté de Paris.

Berriat-Saint-Prix. — Cours de droit criminel, 6e édit., 1836.

Cet ouvrage, qui se recommande par les mêmes qualités que celui sur la procédure civile, a été traduit en 1840 par M. de Wendt, ancien professeur de droit à l'université d'Erlangen. — V. n° 67.

Boitard. — Leçons sur les Codes pénal et d'instruction criminelle, 1 vol. in-8°, 3e édit. 1844. — V. n° 67.

Carnot. — De l'instruction criminelle considérée dans ses rapports généraux et particuliers avec les lois nouvelles et la jurisprudence de la Cour de cassation, 1829-35, 4 vol. in-4°.

Le tome 4e, publié en 1835, a eu pour but de tenir l'ouvrage au courant de la nouvelle législation criminelle, résultant de la loi du 28 avril 1832.

C'est l'ouvrage le plus considérable sur l'instruction criminelle.

— Commentaire sur le Code pénal, 2e édit., 1836, 2 v. in-4°.

Ces deux ouvrages sont très-estimés.

Chauveau (Adolphe) et Faustin-Hélie. — Théorie du Code pénal, 1843, 2e édit., 6 vol. in-8°.

Cet ouvrage a placé ses auteurs, le premier, professeur à la faculté de Toulouse, le deuxième, chef de bureau au ministère de la justice, au nombre des criminalistes les plus distingués. On sait que M. Faustin-Hélie prépare un ouvrage sur le Code d'instruction criminelle : le mérite du premier fait désirer la prompte publication du second.

Duverger. — Manuel du juge d'instruction, 2e édit., 1844, 3 vol. in-8°. Sous ce titre modeste, l'auteur embrasse toutes les matières du droit criminel.

Grattier. — Codes d'instruction criminelle et pénal, expliqués par la jurisprudence progressive des arrêts de la Cour de cassation 1839, 1 vol. in-8°.

Legraverend. — Traité de la législation criminelle en France, 3e édit. revue par Duvergier, 1830, 2 vol. in-4°.

Ouvrage très-estimé.

Legraverend, ancien chef de division des affaires criminelles au ministère de la justice, est mort en 1827.

Pigeau. — Cours élémentaire des Codes pénal et d'instruction criminelle, 1812, 1 vol. in-8°. — V. n° 67.

Rauter. — Traité théorique et pratique du droit criminel français, 2 vol. in-8°, 1036. — V. n° 67.

Rogron. — Code d'instruction criminelle et pénal expliqué, 3e édit., 2 vol. in-18, 1838-40. — V. n° 43.

Rossi. — Traité du droit pénal, 1829, 3 vol. in-8°. Cet ouvrage, remarquable par l'étendue des vues et des idées, est très-estimé.

M. Rossi, pair de France, membre de l'Institut, est doyen de la faculté de droit de Paris, où il professe le cours de droit constitutionnel.

BULLETIN BIBLIOGRAPHIQUE ÉTRANGER.

129. *Traités et commentaires:*

Klenze (Cl. Aug. C.). — Lehrbuch des geminen Strafrechts, grand in-8°. Berlin, 1833. Éléments de droit pénal commun ou Précis de la législation pénale du droit romain, canonique et germanique, comparée à la législation pénale allemande, prussienne, bavaroise et française.

L'auteur est professeur de droit à Berlin.

Jarke (C. Er.). —Handbuch des gem. deutch. Strafrechts, mit Rücksicht auf den Bestimmung... und franzosisch. Straigesetzgeb, 3 vol. Berlin, 1827-1830. Manuel de droit pénal commun allemand comparé à la législation pénale de Prusse, Autriche, Bavière et de France.

L'auteur est aussi professeur en droit à Berlin.

Kratzer (Ed. N.). — System. des Crimin. Rechts. Système du droit criminel suivant les principes modernes comparé au droit criminel de France. Première partie, in-8°. Bamberg, 1812.

Mittermaier (Ch. J. A.). — Handbuch des peinl. Prozess... Heidelberg, 2 vol. grand in-8°, 1810-12. Manuel de procédure criminelle comparée avec les législations allemande, française, autrichienne, prussienne et bavaroise.

— Grundriss zu Vorlesungen ub. das Strafverfahr. Bonn, 1819, in-8°. Leçons de procédure criminelle d'après les principes de la législation criminelle allemande et française.

— Das deutsche Strafverf... in genäuer Vergleich, mit dem englisch und französ. Strafprozess, 3e édit., 1840. L'instruction criminelle allemande comparée exactement à la procédure criminelle anglaise et française. — V. n° 68.

Müller (G. S.). — Handbuch des französ, criminal Prozess., grand in-8°. Hambourg, 1812. Manuel de procédure criminelle française devant les cours d'assises, suivi de formules empruntées à un procès véritable.

Rosenthal (J. G. A.). — Wesentlich-Grundsätze des Strafgesetz. Frankreichs... in-8°. Hambourg, 1812. Principes fondamentaux du Code pénal français, avec une table.

Terlinden (R. F.). — Theor. prakt. Erläuterung des französ. crim. Prozess. Ordnung... Eberfeld, 1813, grand in-8°. Exposition théorique et pratique de la procédure criminelle française sur la police judiciaire, la procédure judiciaire des tribunaux de simple police et correctionnels, avec des formules.

ART. 6. — CODE FORESTIER.

§ 1er. — COMPOSITION, HISTOIRE ET PROMULGATION.

130. Le Code forestier est divisé seulement en quinze titres, et comprend deux cent vingt-cinq articles. Le premier titre, intitulé *Du régime forestier*, indique tous les biens qui y sont

soumis; le titre deuxième traite de l'administration forestière, de ses agents; le titre troisième, des bois et forêts qui font partie du domaine de l'état; le titre quatrième, des bois et forêts qui font partie du domaine de la couronne; le titre cinquième, des bois et forêts qui sont possédés à titre d'apanage ou de majorats reversibles à l'état; le titre sixième, des biens des communes et des établissements publics; le titre septième, des bois et forêts indivis qui sont soumis au régime forestier; le titre huitième, des bois des particuliers; le titre neuvième, des affectations spéciales des bois à des services publics; le titre dixième, de la police et conservation des bois et forêts; le titre onzième, des poursuites en réparation des délits et contraventions; le titre douzième, des peines et condamnations pour tous les bois et forêts en général; le titre treizième, de l'exécution des jugements; le titre quatorzième renferme une disposition générale abrogative de toutes les lois précédentes sur les matières traitées par le nouveau code; enfin, le titre quinzième contient des dispositions transitoires relatives surtout aux défrichements. Ce code n'a pas la même origine que les précédents, car il n'a été promulgué qu'en 1827.

131. Avant 1789, la législation des forêts résidait exclusivement dans l'ordonnance de 1669, dont les jurisconsultes ont fait les plus grands éloges. Ses principes restrictifs du droit de propriété, les peines qu'elle édictait sans aucune proportion avec les délits, devaient cependant la signaler comme ayant besoin de révision. La juridiction des eaux et forêts ayant été supprimée par la loi du 25 déc. 1790, cette circonstance accéléra cette révision. Ce fut la loi des 15-29 sept. 1791 qui l'or-

ganisa, mais ses dispositions étaient incomplètes ; on voulait seulement pourvoir immédiatement aux besoins les plus pressants, car l'art. 4 du tit. 15 disait : « Il sera fait incessamment une loi sur les aménagements, ainsi que pour fixer les règles de l'administration forestière ; et jusqu'à ce, l'ordonnance de 1669 et autres règlements en vigueur continueront à être exécutés. »

132. Cette loi promise ne fut pas donnée. L'existence de deux législations d'origine si différente fit naître des embarras auxquels l'administration pourvut par des règlements nécessairement provisoires, qui rappelaient le besoin d'une législation générale sur la matière. Ce ne fut qu'en 1823 que le gouvernement s'occupa sérieusement de répondre à ce besoin. Des essais furent d'abord préparés dans le sein de l'administration forestière ; ces essais furent ensuite soumis à une commission composée de magistrats et de jurisconsultes, qui arrêta un projet de Code forestier. On voulut aussi soumettre le projet à des épreuves semblables à celles pratiquées pour les autres codes. Il fut imprimé en 1825, communiqué à la Cour de cassation, à toutes les cours du royaume, aux conseils généraux des départements et aux conservateurs des forêts.

133. La commission accueillit tous les avis ; une rédaction nouvelle fut proposée, et la présentation du nouveau projet eut lieu le 29 décembre 1826 à la chambre des députés. La discussion commencée le 20 mars 1827 au sein de la chambre, fut continuée jusqu'au 9 avril ; le 11 du même mois, eut lieu à la chambre des pairs la présentation du projet adopté par la chambre des députés. La discussion en commença le 15 mai et fut terminée le 19. La sanction du roi intervint le 21 mai.

134. Les législateurs du Code forestier ont eu soin de séparer ce qui avait été réuni dans l'ordonnance de 1669, et même dans la loi de 1791, à savoir : les dispositions du domaine de la loi et celles du domaine de l'ordonnance. Ces dernières, qui touchent au mode de régie des bois de l'état, à la police intérieure de leur administration, à leur exploitation et à leur aménagement, ont été recueillies dans l'ordonnance du 1er août 1827, et complètent avec le code notre système forestier.

135. L'ordonnance de 1669 renfermait quelques dispositions relatives au régime des eaux et au droit de chasse; le Code forestier a négligé ces matières : d'abord quant aux eaux, parce que depuis la suppression de la juridiction des eaux et forêts, il n'y avait plus de liaison nécessaire entre ces deux objets; et quant au droit de chasse, parce que des intérêts trop considérables s'y rattachaient sous le rapport de l'agriculture, du droit de propriété et même de la sûreté publique, pour qu'ils fussent traités accessoirement à un Code forestier. La législation des forêts, celle des eaux et de la chasse, devaient donc faire la matière de lois spéciales. Une loi du 15 avril 1829, remplaçant l'ordonnance de 1669, et une autre loi du 14 flor. an x, ont pourvu à une partie importante de la législation sur les eaux, la pêche fluviale, en attendant une loi plus générale, que l'agriculture et l'industrie réclament également, sur la propriété et l'usage des cours d'eau. Quant au droit de chasse, il est régi par une nouvelle loi qui a été discutée et votée par les deux chambres, et promulguée le 3 mai 1844.

§ 2. — MODIFICATIONS APPORTÉES AU CODE FORESTIER.

136. Le Code forestier a été mis en vigueur dès le moment de sa promulgation, le 31 juillet 1827. Cependant une loi des 6 juin-31 juillet a prorogé jusqu'au 1er janv. 1829 l'exécution des dispositions contenues aux art. 106 et 107, et relatives aux perceptions autorisées pour indemniser le gouvernement des frais d'administration des bois des communes ou établissements publics, sous la dénomination de droit de *vacation*, de *décime*, d'*arpentage* et de *réarpentage*, ainsi qu'au remboursement des frais d'instance avancés par l'administration des forêts. Ces perceptions sont remplacées dans le Code par un supplément à la contribution foncière établie sur ces bois.

137. De la combinaison des art. 25 et 26 du Code forestier, il résultait que la loi n'admettait qu'un seul mode d'adjudication des coupes, c'est-à-dire l'adjudication aux enchères et à l'extinction des feux. Les adjudications au rabais et sur soumissions cachetées, qui rendent souvent impossibles les coalitions tendant à porter atteinte à la liberté des enchères, et qui ne sont pas exposées à la menace de surenchères factices, étaient ainsi repoussées. Une loi du 8 mai 1837 a eu pour objet de donner à l'administration le pouvoir d'employer ce dernier mode suivant qu'elle le jugerait plus convenable. Cette loi a abrogé les art. 25 et 26 qui ont été remplacés, et a modifié les art. 20 et 27.

138. Le Code forestier n'a subi aucune autre modification depuis sa promulgation récente : ses dispositions, fondées sur l'expérience et les progrès de l'économie sociale, resteront sans doute désormais et pendant longtemps intactes.

§ 3. — BULLETIN BIBLIOGRAPIQUE.

139. *Traités et Commentaires.*

Baudrillart. — Code forestier, précédé de la discussion aux chambres, avec un commentaire des articles du code et de l'ordonnance, 2e édit., 1832, 3 vol. in-12.

Brousse. — Code forestier avec l'exposé des motifs, la discussion des deux chambres, 2e édit., 1827, in-8°.

Chauveau (Adolphe). — Code forestier expliqué par les motifs de la discussion, 1827, in-18.

Coin Delisle et Frédérick. — Commentaire sur le Code forestier, suivi de l'ordonnance d'exécution, avec une concordance des articles du code et de l'ordonnance, 1827, 2 vol. in-8°.

Curasson. — Code forestier conféré et mis en rapport avec la législation qui régit les différents propriétaires et usagers dans les bois, 2 vol. in-8°, 1828.

Dupin aîné. — Code forestier, suivi de l'ordonnance d'exécution et de la jurisprudence forestière, 2e édit., 1834, in-18.

Gagnereaux. — Code forestier conféré avec la législation et la jurisprudence relative aux forêts, 1827, 2 vol. in-8°.

Meaume. — Commentaire du Code forestier, 3 vol. in-8°, 1843-44. Le tome 1er est seul publié.

Cet ouvrage, venu le dernier, paraît devoir éclipser tous ceux cités dans ce bulletin, et déjà même pour la plupart oubliés.

L'auteur, professeur de législation et de jurisprudence à l'école forestière, a, en effet, traité la matière d'une manière plus approfondie et plus complète.

Rogron. — Codes forestier, de la pêche fluviale, de la chasse et rural expliqués, 2e édit., 1844, 1 vol. in-18.

ART. 7. — DE L'APPLICATION DES CODES DANS LES COLONIES.

140. Les colonies françaises sont : la Martinique, la Guadeloupe, Bourbon, la Guiane française, les établissements dans l'Inde, les îles Saint-Pierre et Miquelon, et le Sénégal.

141. Sous le rapport constitutif et administratif, les colonies sont régies par la loi du 24 avril 1833, qui institua les conseils coloniaux à l'instar de la chambre des députés de la mère-patrie, auprès d'un gouverneur qui représente le roi. La charte de 1814, art. 73, portait que les colonies seraient régies par des *lois* et des *règlements particuliers*. Cet article était sage et plaçait les colonies sous le même régime que la métropole, qui est soumise aussi à des lois et à des ordonnances ; mais il paraît, suivant les paroles de M. Dupin aîné, rapporteur de la commission de révision de la charte de 1814, en 1830, que les ministres avaient toujours interprété cet article en ce sens que les colonies étaient soumises, non à l'action régulière de la législation, mais à l'action instable des règlements les plus

bizarres. Dans la crainte du renouvellement de cet abus, la nouvelle charte ne reproduisit pas le mot *règlements*, et l'art. 64 porta : Les colonies sont régies par des *lois particulières*. On s'aperçut bientôt que la réaction avait dépassé le but, et qu'il n'était pas convenable de recourir aux chambres pour régler les intérêts coloniaux les plus simples et les moins importants. La loi du 24 avril 1833 a eu pour but principal de fixer la distinction des matières qui peuvent faire l'objet des lois ou des ordonnances ; mais il est à remarquer que cette distinction ne s'applique pas aux établissements français dans les Indes Orientales et en Afrique, ainsi qu'à ceux de Saint-Pierre et Miquelon qui continuent d'être réglés par ordonnance du roi. (Article 25 de la loi.)

Le but que nous nous sommes proposé dans cet article ne nous permet pas de nous étendre davantage sur la constitution politique des colonies. Voir sur cette matière le mot *Colonies* dans l'*Encyclopédie du Droit*, et notamment les Notices publiées par le ministère de la marine, 4 vol. 1835 à 1842.

142. L'ordonnance de 1685, ou *Code noir*, régit même encore aujourd'hui la malheureuse population esclave. Quant aux rapports civils des hommes libres, ils étaient réglés, avant l'introduction des Codes, par les anciennes lois françaises, la coutume de Paris, les ordonnances de 1667, 1669, 1670 et 1673.

143. Avant de préciser les époques de l'introduction des Codes dans le colonies, faisons une remarque générale : c'est que partout les Codes n'ont été appliqués qu'avec des modifications, nécessitées le plus souvent par la crainte de blesser des convenances locales, c'est-à-dire la déplorable ligne de démarcation

qu'on a cru longtemps ineffaçable entre la classe blanche et celle des affranchis ou de leurs descendants, tous hommes de couleur. Hâtons-nous d'ajouter qu'une loi du même jour que la précédente (24 avril 1833), concernant l'exercice des droits civils et des droits politiques, a aboli cette distinction, et que les hommes de couleur, libres, doivent être désormais assimilés entièrement aux autres citoyens.

Les Codes français n'ont été publiés que tardivement dans les colonies. Nous allons tracer le tableau des époques (1) de leur introduction.

145. *Martinique.* — Le Code civil y a été promulgué avec modifications, le 16 brumaire an XIV, par un arrêté colonial. Une loi du 2 décembre 1814 l'a confirmé. Une ordonnance du roi du 24 sept. 1828 a reproduit cette confirmation, en introduisant les grands principes de la charte, et en ordonnant l'application des Codes de procédure civile, de commerce, d'instruction criminelle et pénal. Toutefois l'ordonnance du roi du 12 octobre 1828, qui promulgue le Code d'instruction criminelle, celle du 29 octobre, même année, qui publie le Code pénal, introduisent des modifications. Quant au Code de procédure, une ordonnance du 19 octobre même année indique aussi des modifications. En fait, malgré l'ordonnance précitée du 24 septembre 1828, le Code de commerce n'est pas encore

(1) Un grand nombre des ordonnances et réglements cités n'ont pas été insérés au *Bulletin des Lois*.

appliqué à la Martinique, où l'on suit toujours les ordonnances de 1673 et 1681, sur le commerce et la marine.

Une ordonnance royale du 7 juin 1832 a rendu exécutoire à la Martinique, ainsi qu'à toutes les autres colonies, la loi du 16 avril précédent relative au mariage entre beau-frère et belle-sœur, en transportant au gouverneur en conseil le droit appartenant au roi dans la métropole d'autoriser cette sorte de mariage, contrairement aux dispositions de l'art. 164 du Code civil.

Une loi du 22 juin 1835 a appliqué à cette colonie et aux trois suivantes les Codes d'instruction criminelle et pénal, révisés par la loi du 22 avril 1832.

145. *Guadeloupe.* — Le Code civil a été promulgué à la Guadeloupe, le 7 brumaire an XIV. Du reste, l'ordonnance du 24 septembre 1828, qui prescrit l'application à la Martinique des Codes civil, de procédure, de commerce, d'instruction criminelle et pénal, comprend également cette île. Ces deux îles sont en général réunies dans les mêmes dispositions législatives; cependant le Code de commerce avait déjà été promulgué à la Guadeloupe, avec modification, il est vrai, le 1er octobre 1808.

146. *Bourbon.* — L'ordonnance du 30 septembre 1827, concernant l'organisation de l'ordre judiciaire dans cette île, déclare, art. 7 : La colonie sera régie par le Code civil, le Code de procédure civile, le Code de commerce, le Code d'instruction criminelle et le Code pénal, modifiés et mis en rapport avec ses besoins. Déjà, à la date des 25 vendémiaire et 1er brumaire an XIV, le Code civil y avait été promulgué; le 20 juillet 1808, le Code de procédure civile; le 14 juillet 1809, le Code de com-

merce ; le 12 juin 1815, les Codes d'instruction criminelle et pénal.

Les modifications apportées aux art. 115 et 160 du Code de commerce par la loi du 19 mars 1817, et relatives à la provision en matière de lettres de change et aux obligations des porteurs pour en obtenir le payement, ont été rendues applicables à l'île Bourbon, par la promulgation de cette loi, le 28 janvier 1818.

147. *La Guiane.* — Une ordonnance du 21 décembre 1828 a aussi déclaré d'une manière générale, art. 7, l'application des cinq Codes à la Guiane ; mais le Code civil y avait déjà été promulgué le 1er vendémiaire an XIV, le Code de procédure, le 25 janvier 1818, et le Code de commerce, le 1er octobre 1820.

148. *Établissements français dans l'Inde.* — Par arrêté du gouverneur du 6 janvier 1819, tous les Codes français (1) y ont été promulgués à l'exception du Code d'instruction criminelle, qui ne leur a été appliqué que plus tard par un arrêté local du 21 avril 1825, avec certaines restrictions relatives aux cours d'assises et au jury.

La loi modificative des Codes d'instruction criminelle et pé-

---

(1) Nos tribunaux appliquent cependant les lois et coutumes indiennes aux contestations civiles entre Indiens. On sait que la législation hindoue se compose des *Vedas*, ou Livres sacrés, des *Dharmasâstras*, ou Codes, parmi lesquels celui de Manou tient le premier rang, et de Commentaires ou Digestes, composés par les plus fameux docteurs indiens.

nal, du 16 avril 1832, leur a été appliquée par une ordonnance du 29 mars 1836.

149. *Iles Saint-Pierre et Miquelon.* — Une ordonnance du 26 juillet 1836 a appliqué à ces îles les Codes civil, de procédure, de commerce, d'instruction criminelle et pénal, mais avec des modifications.

150. *Sénégal.* — Suivant une ordonnance du 24 mai 1837, l'organisation judiciaire du Sénégal est provisoirement fixée, en attendant la promulgation des Codes français, modifiés selon les besoins du pays. Cependant, par arrêté local du 5 novembre 1830, cette possession jouit des bienfaits du Code civil. Le Code de commerce y a été aussi promulgué le 1er juillet 1819. Une ordonnance du 29 mars 1836 a rendu également applicable au Sénégal la loi du 28 avril 1832, contenant des modifications aux Codes d'instruction criminelle et pénal, mais avec certaines restrictions. En exécution de la promesse faite par l'ordonnance du 24 mai 1837, une autre ordonnance du 14 février 1838 a même promulgué pour le Sénégal les Codes d'instruction criminelle et pénal, sauf les modifications exigées par la différence des lieux et des institutions judiciaires.

151. Nous ne pouvons terminer cet article sans parler de la législation applicable dans les possessions françaises de l'Afrique qui forment l'Algérie. D'après une ordonnance du 10 août 1834, les lois françaises, sauf quelques modifications, sont appliquées aux Français, et la loi musulmane aux Musulmans. Cette ordonnance a été modifiée et étendue par celle du 28 février 1841, qui lui a été subtituée et qui a été remplacée à son tour par celle du 26 septembre 1842. Spécialement, le Code de

procédure a été appliqué avec modifications, en vertu d'une ordonnance du 16 avril 1843, ainsi que les lois du 25 mai 1838 sur les justices de paix et la loi du 17 avril 1832 sur la contrainte par corps. Une autre ordonnance du 12 mars 1843 y a appliqué les lois qui régissent l'impôt et les droits du timbre.

152. Il ne faut pas omettre non plus, afin de présenter des notions complètes sur la législation des colonies, que la France vient de s'enrichir de nouvelles possessions dans la mer du Sud. Une ordonnance du 28 avril 1843 contient des dispositions sur l'administration de la justice aux îles Marquises. Les tribunaux appliqueront les lois civiles françaises modifiées soit par des ordonnances royales, soit par des arrêtés locaux, soit par les usages du pays (art. 5).

ART. 8. — INTRODUCTION DES CODES FRANÇAIS DANS LES PAYS ÉTRANGERS.

153. « Le droit français gagne l'Europe presque aussi rapidement que la langue française, » a dit M. Michelet. (*Origines du droit français*, p. 121, introduction.)

Notre droit est d'abord entré en Italie et en Allemagne, à la suite des armées françaises. C'est un témoignage de cet esprit français résolu et pratique, si admirablement défini par un jurisconsulte et écrivain célèbre (1), dans les termes suivants : « A peine avons-nous passé la frontière et mis le pied

(1) Cormenin, *Introduction au droit administratif*, p. 8.

chez un peuple conquis, que le lendemain nous organisons son régime intérieur, politique, administratif, civil, militaire, ses municipalités, ses tribunaux, ses écoles, ses fêtes, ses théâtres, ses modes et jusqu'au détail et au train de ses affaires domestiques; nous nous mêlons à tout et nous mêlons de tout, et nous nous familiarisons avec ces étrangers d'hier, et nous vivons de leur vie, et nous les faisons vivre de la nôtre et nous nous les assimilons en tout si bien et aussi parfaitement que s'ils étaient de la vieille France. »

154. La chute de l'homme qui avait porté si haut toutes les gloires de la France a fait proscrire nos codes dans la plupart des pays où ils étaient entrés en vainqueurs; mais quelques-uns les ont conservés, et leur esprit a même survécu dans les pays qui les repoussaient, de telle sorte qu'il ne serait peut-être pas trop orgueilleux de comparer notre législation à celle de Rome, qui est aussi restée debout au milieu des débris produits par la conquête et la victoire.

155. Nous essayerons d'indiquer par ordre alphabétique les différents pays où les codes ont été appliqués, ceux qui les appliquent encore, et de suivre les progrès de notre droit, non-seulement en Europe, mais encore en Amérique.

156. Une observation générale doit se placer ici. Comme la plupart des pays que nous citerons ont abandonné nos lois et nos institutions à la suite de la réaction violente provoquée par les alliés contre la France (1), nous avertissons que, pour évi-

(1) Par ordonnance du gouvernement général des alliés, du 10 jan-

ter des répétitions, nous signalerons spécialement ceux qui les ont conservés, et que notre silence à l'égard de la durée du droit français dans les autres pays, indiquera qu'il n'a pas survécu à nos désastres.

157. ALLEMAGNE. — *Les villes anséatiques*, au nombre desquelles se distinguaient les villes libres de Hambourg, Brême, Lubeck et la ville de Dantzick, restituées à la Prusse par les traités de 1815, furent réunies à la France le 13 décembre 1810, en même temps que la Hollande, et la législation française y fut appliquée.

Dantzick avait déjà rendu hommage à la supériorité du Code Napoléon, en l'adoptant librement le 21 juillet 1808.

158. *Arenberg* (principauté de). — Le Code Napléon (1) y fut

---

vier 1814, les Codes français devaient cesser d'être en vigueur en Allemagne dès le 1er février suivant.

(1) Une question bien débattue entre les jurisconsultes allemands, lors de l'introduction de notre Code civil, fut celle de savoir si ce Code pouvait s'allier à la procédure suivie en Allemagne, ou si sa réception devait entraîner l'adoption de la procédure française. Il nous semble qu'il existe un rapport incontestable entre ces deux Codes qui se suppléent l'un l'autre dans plusieurs matières, et que la question n'aurait pu naître si les souverains allemands ne s'étaient pas toujours montrés hostiles à la publicité des débats et aux plaidoiries. L'établissement d'une Cour de cassation à Berlin, pour les provinces rhénanes où le droit français est toujours appliqué, nous paraît en outre trancher la question en ce sens.

mis en vigueur le 1er juillet 1808, par une ordonnance du 28 janvier même année. Ce ne fut pas toutefois sans modifications; le droit commun allemand devait en outre être consulté dans les cas non prévus, comme droit subsidiaire.

159. *Bade* (grand duché de). — Le 1er janv. 1810, les Codes civil et de commerce français, modifiés en quelques parties et même augmentés, ont été mis en vigueur, comme droit commun, dans cet état qui faisait alors partie de la Confédération du Rhin. Ils ont été maintenus sans interruption jusqu'à ce jour, et n'ont peut-être pas été sans influence sur les progrès de ce pays, qui a récemmeut adopté le régime constitutionnel.

160. *Bavière* (royaume de). — L'électorat de Bavière, érigé en royaume le 19 janv. 1806 par le traité de paix de l'empereur d'Autriche avec Napoléon, accepta aussi nos lois; mais elles n'ont été conservées que dans les provinces qui forment la Bavière rhénane.

161. *Berg* (grand duché de). — Ce duché, qui fait aujourd'hui partie des provinces de la Prusse rhénane, en vertu de l'acte du congrès de Vienne, du 9 juin 1815, a subi des fortunes diverses. En 1806, il avait été donné à Joachim Murat. Il fut cédé au fils de Louis Bonaparte, roi de Hollande, en 1809, et enfin réuni à la France en 1811. La législation française y fut introduite le 1er janv. 1810, en vertu d'un décret du 12 novembre 1809, et par conséquent avant sa réunion à la France. Elle y a été conservée jusqu'à ce jour.

162. *Francfort* (grand-duché de). — (Il s'agit de la ville de Francfort, déclarée ville libre par le congrès de Vienne.) — Le Code Napoléon y fut introduit le 1er janvier 1811, en vertu

d'une ordonnance grand-ducale du 25 juin 1810, mais avec de nombreuses modifications, concernant surtout la dépendance des actes civils et religieux destinés à constater l'état des personnes.

163. *Hesse-Darmstadt* (grand duché de). — Les codes français ont été introduits, pendant la domination française, dans les parties du grand duché qui forment les provinces rhénanes, c'est-à-dire qui sont situées sur la rive gauche du Rhin; ils y ont été conservés jusqu'à ce jour. Mais l'art. 103 de la constitution de 1820 a promis une législation uniforme pour tout le pays, et l'on travaille constamment à l'accomplissement de cette promesse. En 1831, le gouvernement proposa d'admettre les codes français, ainsi qu'ils ont été modifiés par les lois du grand duché de Bade; mais cette proposition fut rejetée.

164. *Kœthen-Anhalt* (grand duché de). — Le Code Napoléon y obtint force de loi dès le 1er mars 1811, en vertu de lettres patentes du 28 décembre 1810.

165. *Nassau* (grand duché de). — Le Code Napoléon y fut mis en vigueur le 1er janvier 1812, en vertu des ordonnances des 1er et 4 février 1811.

166. *Varsovie-Cracovie.* — Après le traité de Vienne de 1809, qui réunit Cracovie avec toute la Gallicie occidentale au grand duché de Varsovie, le roi de Saxe, grand duc de Varsovie, remplaça par un décret du 9 juin 1810 les lois austro-galliciennes de ce pays par les Codes civil, de commerce et de procédure civile français. La constitution de 1815 a maintenu implicitement dans la république de Cracovie les lois adoptées

dans le grand duché de Varsovie; mais les Codes civil et de procédure ont subi de nombreuses modifications.

167. *Westphalie* (royaume de). — Le Code Napoléon a été reçu, sans modification et à l'exclusion de toute autre législation, dans ce royaume, en vertu de la constitution du 15 novembre 1807, et mis en vigueur le 1er janvier 1808. La Westphalie ne forme plus qu'un duché qui a été cédé à la Prusse par le congrès de Vienne.

168. Belgique. — La Belgique a été réunie à la France en 1795, et, jusqu'à sa séparation en 1813, elle a été soumise à toutes les lois françaises, spécialement tous les codes y ont été publiés, et elle les a conservés presque dans toute leur intégralité. La suppression de la mort civile et de la nécessité du renouvellement des inscriptions hypothécaires tous les dix ans, forme les modifications les plus importantes sur le Code civil. Du reste, elle s'est approprié presque tous les changements que nous avons adoptés pour l'amélioration de notre législation. Réuni à la Hollande par l'acte du congrès de Vienne de 1815, ce pays en a été séparé par la révolution du 4 octobre 1830, au moment où une nouvelle législation hollandaise devait remplacer les codes français.

169. Espagne. — Les codes français devaient y être introduits en 1808, lorsque Napoléon appela son frère au trône de ce pays, et une traduction officielle du Code civil fut faite en espagnol; mais on connaît les événements qui empêchèrent la réalisation de ce projet. Toutefois, l'Espagne a déjà rendu volontairement hommage à la supériorité de notre législation et des travaux d'un de nos jurisconsultes les plus profonds,

M. Pardessus, en puisant largement à ces sources pour la confection de son code de commerce, publié le 30 mai 1829.

170. GRÈCE. — Ce nouvel état est en travail d'une législation privée ; il n'a pas encore reçu un droit civil propre ; mais, de 1831 à 1835, le roi Othon a promulgué un code de procédure criminelle, un code pénal et un code de commerce. Les deux premiers codes paraissent basés plus spécialement sur le droit allemand ; mais le dernier est la reproduction complète du Code de commerce français, sauf en ce qui concerne l'organisation judiciaire. Il est à remarquer du reste que dès 1821 notre Code de commerce avait été adopté d'un commun accord par les commerçants grecs. Une loi hypothécaire du 11 août 1836 emprunte aussi beaucoup au Code civil français.

171. HOLLANDE. — Ce pays a partagé longtemps le sort de la France. Il a formé la république batave en 1795, en même temps que la France prenait le titre de république française ; il est devenu royaume en 1806, avec la création de l'empire français. Le roi Louis Napoléon y promulgua le Code pénal et le Code civil français en 1808 et 1809. Réuni à la France le 13 décembre 1810, ses provinces ne formèrent plus que des départements où tous les codes français furent appliqués. Le congrès de Vienne de 1815 lui donna le titre de royaume des Pays-Bas, en lui ajoutant la Belgique, qui depuis a reconquis son indépendance. Notre législation survécut à ces changements ; mais le gouvernement néerlandais s'occupa activement de la remplacer dans les années 1825 à 1830, et une nouvelle législation devait entrer en vigueur au 1er février 1831, lorsque la révolution des provinces belges en suspendit l'exécution. Les

travaux ont été repris en 1833, et par un édit royal du 11 avril 1838, les Codes civil, de commerce, de procédure civile et d'instruction criminelle français ont été remplacés par de nouveaux codes. Le Code pénal seul est encore en vigueur, mais il subira bientôt le sort des autres. Ces codes sont en général modelés sur le droit français. On reconnaît cependant que le Code de commerce hollandais est supérieur au nôtre.

172. ILES IONIENNES. — Les états-unis des Sept Iles Ioniennes ont adopté, à la date du 1er mai 1841, une législation complète, civile, commerciale et pénale. On reconnaît que cette législation est conçue à peu près dans le même esprit et le même système que la nôtre.

173. ITALIE. — Comme la Hollande et la Belgique, l'Italie a partagé les vicissitudes de notre pays. République romaine en 1798, elle forma en 1805 le royaume d'Italie et eut pour roi Napoléon lui-même, qui, par son décret du 30 mars 1806, déclara le Code civil loi fondamentale du nouveau royaume.

La chute du royaume d'Italie a laissé le champ libre au droit canonique; mais tout souvenir du droit français n'est pas éteint; il a été presque généralement consacré en matière commerciale. Le règlement de commerce des États pontificaux (1821) en est même une reproduction assez exacte.

174. *Deux-Siciles.* — Le pays de Naples et la Sicile forment le royaume des Deux-Siciles depuis 1815 seulement. L'influence française ne s'est vraiment exercée que sur le premier de ces pays; le second est resté comme indépendant sous l'Empire. A l'exemple de la république française, le pays de Naples fut proclamé république parthénopéenne en 1799, et, à l'exemple

de l'empire français, il devint royaume en 1806, et fut confié par Napoléon d'abord à son frère Joseph ; il passa ensuite entre les mains de Murat (Joachim), qui y publia en 1809 les codes français, remplacés en 1829 par cinq codes nationaux, qui ont beaucoup emprunté à leurs prédécesseurs et consacré plusieurs améliorations, surtout en matière criminelle : cette nouvelle législation s'applique même à la Sicile.

175. *Gênes.* — Cette ville appartient maintenant à la Sardaigne et en suit les lois, après avoir formé en 1797 un état indépendant sous le titre de république ligurienne, et avoir été réunie à la France par arrêté du 17 prairial an XIII. Le Code civil y a été publié le 16 messidor an XIII.

176. *Lucques.* — L'état de Lucques a été aussi proclamé république lucquoise en 1797, et érigé en duché le 30 mars 1806, à la charge de recevoir le Code Napoléon comme loi fondamentale.

177. *Parme, Plaisance, Guastalla* (duché de). — Le Code civil a été publié dans ces états le 14 prairial an XIII. Ils ont été érigés en duché en 1806, et réunis à la France le 24 mai 1808. En 1815, ce duché a été cédé à l'impératrice Marie-Louise.

178. *Sardaigne* (royaume de). — Ce pays fut réuni à la France en 1798 et soumis à nos lois ; mais un édit de Victor-Emmanuel, rentré dans ses états le 23 mai 1814, proscrivit les Codes français et rétablit les anciennes lois. On s'aperçut bientôt que ces lois ne pouvaient plus convenir aux progrès de la civilisation, et dès 1820 on tenta de les remplacer par une nouvelle législation ; mais les efforts du gouvernement ne furent réalisés qu'en 1838, où l'on a publié un Code civil. En 1839,

un Code pénal a aussi été publié, et en 1842, un Code de commerce. Ces Codes présentent une grande analogie avec les Codes français.

179. *Toscane* (duché de). — Cet état a été réuni à la France le 24 mai 1808, et nos lois y ont en conséquence été publiées lors de cette réunion. En 1815, on est aussi revenu à l'ancienne législation émanée des Médicis; on n'a conservé des lois françaises que le titre 18 du Code civil sur les hypothèques, titre qui a été au contraire l'objet de modifications de la part des autres nations qui suivent nos lois. Le Code de commerce français n'a cependant jamais cessé d'être en vigueur.

180. SUISSE. — La confédération helvétique a subi à son tour l'influence des lois françaises qui ont du reste été généralement proscrites après 1815. Le Code civil d'Argovie, publié en 1826, et celui de Vaud, en date du 11 mai 1829, ont beaucoup emprunté, surtout ce dernier, au Code civil français. Mais la législation française a été conservée presque intégralement dans la république de Genève, où elle n'a subi que quelques modifications.

181. AMÉRIQUE. — *Haïti.* — Le Code civil français a d'abord été adopté par le gouvernement de la république d'Haïti comme un usage à suivre; mais dans le cours des années 1825 et 1826, différents Codes ont été publiés, parmi lesquels le Code civil surtout paraît avoir une grande analogie avec le Code français.

182. *Louisiane.* — Dès 1808, le projet du Code Napoléon, tel qu'il avait été soumis au tribunat, fut adopté comme loi dans les états de la Louisiane. Un nouveau Code révisé a été publié le 12 avril 1824, pour être exécutoire le 20 juin 1825.

Malgré les nombreux changements apportés à l'ancien Code, le nouveau présente encore beaucoup de ressemblance avec la législation française.

183. Ce court résumé de la législation étrangère dans ses rapports avec nos Codes justifie complétement les paroles du savant historien rapportées au commencement de cet article.

Comme on l'a vu, les conquêtes de notre droit, quoique moins pacifiques que celles de la langue française, n'en sont pas moins stables. Les événements de 1815 forment, il est vrai, un point d'arrêt dans cet envahissement de notre législation sur l'Europe ; mais les peuples à qui l'on avait rendu une législation surannée et rétrograde ont réclamé et obtenu des lois nationales, pour lesquelles nos Codes ont servi de modèles : la Sardaigne nous en offre un exemple bien frappant. La Hollande et le royaume de Naples, après avoir résisté au torrent de 1815, ont, il est vrai, déterminés par un orgueil national bien légitime, substitué de nouvelles lois à nos Codes ; mais ils ont adopté librement, et c'est la gloire de l'œuvre de Napoléon, le système français de codification qui offrira toujours l'ensemble le plus parfait des règles d'une bonne législation.

DISSERTATION

SUR

LA CODIFICATION.

DISSERTATION

SUR

LA CODIFICATION [1].

1. La codification est le travail qui a pour but de réunir des lois éparses en un corps de législation, qu'on appelle Code.

2. Ce travail est un signe toujours certain d'amélioration pour la législation qui en est l'objet, et la tendance générale de notre époque à s'y livrer est un fait bien digne de l'attention du jurisconsulte.

3. Le moment paraît être arrivé où, dans chaque nation,

---

(1) Ce mot, qui n'a pas encore trouvé place dans le dictionnaire de l'Académie, a été composé en Angleterre (*Bentham, de la Codification*). Il est maintenant très-usité en France, et rend parfaitement l'idée qu'on y attache. Les Anglais l'opposent au mot législation, par lequel ils indiquent l'établissement de nouvelles règles de droit, et non pas le seul recueil de lois préexistantes. (Falck. traduction de M. Pellat, p. 30, nº 27; *Cours d'introduction à l'étude du droit.*)

suivant la pensée récemment émise par un magistrat de nom illustre (1), « le grand nombre de lois rendues pour satisfaire aux divers besoins de la civilisation, ne présente plus qu'un inextricable labyrinthe, où l'esprit du juge s'égare au milieu d'un nombre infini de dispositions en désordre, souvent opposées entre elles. Alors, suivant les formes du gouvernement des peuples réduits à la nécessité d'une réforme législative, surviennent soit un prince, soit des magistrats qui ordonnent la refonte de la législation. Un choix dicté par la force des choses s'opère, on classe, on réunit les règles et les coutumes qui sont d'une utilité actuelle et pratique, on y en ajoute de nouvelles, conformes à l'esprit du temps et aux nécessités présentes. On abolit celles qui sont devenues inutiles ou nuisibles, au grand regret sans doute de l'antiquaire et de l'historien, mais à l'avantage immense des populations, dont les lois, mieux en harmonie avec les hommes et les choses qu'elles doivent régir, reprennent une vie et une autorité toutes nouvelles. »

4. C'est là l'histoire de la codification des lois romaines, qui, au temps de l'avénement de l'empereur Justinien à l'empire, présentaient une déplorable confusion ; c'est aussi la justification de Tribonien, à qui l'on a reproché amèrement ses altérations et mutilations des textes empruntés par lui aux anciens jurisconsultes ; c'est encore l'histoire de la codification des lois

---

(1) M. Frédéric Portalis, conseiller à la Cour royale de Paris. Discours et rapports sur le Code civil d'Étienne Portalis, p. 2 : *Essai sur l'utilité de la codification.*

françaises, qui, au moment de la révolution de 1789, offraient le singulier assemblage de lois romaines, allemandes, espagnoles, et de nombreuses coutumes tant générales que locales. L'histoire des Codes prussiens, autrichiens, russes et de tous ceux nouvellement parus, même dans le nouveau monde, se reconnaît également à ces traits.

5. Enfin, c'est là encore l'histoire de la codification en Angleterre, pays dont la législation est si obscure qu'elle a inspiré à un jurisconsulte anglais justement célèbre, Jérémie Bentham, ces maximes désolantes d'arbitraire et d'incertitude :

1° *Dans la plupart des cas qui ont été sérieusement débattus, sous la loi commune* (1), *le juge aurait pu, sans reproche à sa probité et à son jugement, prononcer une décision directement contraire à celle qu'il a rendue;* et 2° : *Il n'y a aucune cause qu'on doive abandonner comme désespérée.*

6. Nous parlons de la codification anglaise, quoique ce pays n'ait pas encore trouvé son législateur, parce que ce travail y est à l'ordre du jour et que de grands jurisconsultes, membres du parlement (feu sir Samuel Romilly, sir James Makintosh, MM. Brougham, Onslow, M. A. Taylor et autres), repoussant les paroles tenues par leurs ancêtres au parlement de Merton (2),

---

(1) La législation anglaise présente deux éléments : la loi commune ou la loi fondée sur les précédents judiciaires, et les statuts ou lois votées par le Parlement.

(2) Omnes comites et barones unâ voce responderunt, quod nolunt leges Angliæ mutari.

sous Henri III (1204), ont réclamé et réclament encore avec énergie et persévérance la réforme des lois, devenue désormais plus proche qu'on ne le pense généralement.

7. L'Espagne, le Portugal, les États-Unis et différents pays de l'Allemagne demandent aussi de nouvelles lois. Un congrès de jurisconsultes doit même se tenir prochainement à Mayence, pour concerter les moyens d'introduire dans tous les états d'Allemagne des Codes et des règles de procédure uniformes. Ce congrès, il est vrai, n'a pas l'assentiment de la Prusse, qui a fait signifier aux avocats et magistrats prussiens de ne pas s'y rendre, sous peine d'être considérés comme coupables de participation à des sociétés secrètes; mais il n'en poursuivra pas moins courageusement la noble tâche qu'il s'est imposée (1).

8. Cette tendance générale qui vient d'être signalée (n° 2) mérite encore de fixer l'attention des jurisconsultes, sous le rap-

(1) En écrivant ces lignes nous présumions trop de la liberté de la science en Allemagne, et notamment dans le grand duché de Hesse, dont Mayence est l'une des villes principales. Le chef de cet état ayant ordonné que les avocats allemands pourraient seuls assister au congrès à l'exclusion de tous autres, même des magistrats; que les séances ne seraient pas publiques, et qu'un commissaire du gouvernement dirigerait les débats, avec le droit de les interrompre chaque fois qu'ils lui paraîtraient s'écarter de la sphère du droit privé et criminel; le comité des avocats de Mayence, auteur du projet de congrès, a cru de sa dignité, pour ne pas accepter de telles entraves, de renoncer à cette solennité.

port de la facilité qu'elle donne aux divers peuples de connaître les lois de chacun d'eux. Désormais les peuples pourront s'apprécier et s'estimer à leur juste valeur, car la législation d'un pays reflèchira les mœurs, les usages et les institutions de ses habitants, toujours plus exactement que les relations des écrivains et des voyageurs. Qui pourrait prévoir toutes les conséquences d'un semblable fait? Combien de mésintelligences entre les nations sont nées faute de se mieux connaître? Aussi les différents législateurs, et les jurisconsultes (1) qui se dévouent à nous communiquer leurs travaux, nous paraissent-ils avoir plus fait pour la paix universelle, ce beau rêve des gens de bien, que tous les philosophes ensemble.

9. Nous en sommes cependant réduits à justifier une mesure destinée à porter la lumière dans les ténèbres de toute législation en désordre. Une école s'est formée en effet en Allemagne, au moment où l'Europe coalisée proscrivait notre législation dans ce pays, pour nier l'utilité et la possibilité de la codification et appuyer sans doute de ses raisonnements les décrets de la politique. Cette école, connue sous le nom d'*Ecole historique de la jurisprudence* (2), ne comprend pas le respect au texte de

---

(1) MM. Anthoine de Saint-Joseph, Fœlix, Victor Fouché, de Clercq, et autres.

(2) Un journal allemand, intitulé Zeitricht für geslickche Rechts-Wissenschaft, journal pour la jurisprudence historique, a été fondé en 1815, pour soutenir ce système, par MM. de Savigny, Huys, Eichhorn, Gœschen et Hasse. Ce journal, qui continue à paraître, avait

la loi, qu'elle n'applique jamais qu'autant qu'il se trouve confirmé par ses recherches historiques. On conçoit qu'à ce point de vue, la codification ne soit plus qu'une entrave; mais n'anticipons pas sur l'examen de cette doctrine, et essayons dès à présent de résumer les avantages de la codification.

10. Le plus grand bienfait que puisse procurer à un peuple l'uniformité de ses lois, est évidemment l'unité nationale. C'était dans ce butque Louis XI voulait une réforme législative: chacun reconnaît aussi que la France doit son imposante unité à l'uniformité de sa législation. S'il en est ainsi, on peut dire que l'attitude que prend la Prusse dans la question d'une législation commune à toute l'Allemagne, lui est sans doute dictée par un instinct de conservation, car elle serait certainement absorbée dans la grande unité qui se formerait.

11. La codification peut seule aussi mettre la connaissance de la loi à la portée de tous, faciliter à chacun l'exercice de ses droits et l'accomplissement de ses devoirs, garantir la non-rétroactivité des lois, diminuer le nombre des procès et détruire

---

été précédé d'un écrit de M. de Savigny seul, intitulé Vom Beruf unseres Zeit für Gesetz-Gebung et Rechts-Wisenschaften (de la vocation de notre temps pour la législation et les sciences du droit). Cet écrit était une réponse au projet du jurisconsulte Thibaut, de codifier toutes les lois allemandes; ce projet est intitulé : Ueber die Nothwendigkeit eines allgemeinen Bürgerliche Rechts, für Deutschland (1814), De la nécessité d'un droit commun civil pour l'Allemagne.

ceux qui ne porteraient que sur l'existence et l'étendue d'une coutume, remplacée par une loi fixe et invariable. La codification confond encore le plaideur de mauvaise foi, à qui il ne sera plus permis de nier la force obligatoire de la loi, comme il aurait pu nier celle de la coutume; elle n'offre pas cet embarras presque insurmontable pour le juge appelé à décider sur deux usages contradictoires; car dans la loi écrite on suit la règle que la loi postérieure déroge à la plus ancienne, *posteriora derogant prioribus.*

12. Les coutumes ayant été formées successivement, sont aussi souvent mêlées à des abus, inconvénient qui ne se rencontre pas dans une loi écrite, dont les défauts peuvent du reste être facilement observés et corrigés. Si l'on considère encore comment les usages sont formés, on reconnaîtra qu'ils sont produits par l'intérêt individuel, tandis que le législateur de la loi écrite se dirige toujours par des vues d'intérêt public. Enfin la codification donne la même certitude à toute les parties de la législation, détruit l'arbitraire du juge, garantit de la sorte au citoyen, sécurité dans ses biens et conventions, et facilitant l'uniformité dans les jugements, habitue le peuple à les considérer comme des vérités, et prépare ainsi le triomphe de la justice.

13. Sans avoir égard à tous ces avantages, on pourrait même réduire la question à ces termes, et la solution n'en serait pas moins certaine :

Dans l'état des sociétés modernes, toute législation devant être écrite, ne convient-il pas mieux que le recueil des principes de droit émane du pouvoir législatif et soit revêtu de sa sanction plutôt que de l'abandonner aux soins de jurisconsultes sans autorité, dont l'opinion quelle qu'elle soit ne saurait avoir l'infaillibilité de la loi?

14. *L'École historique de la jurisprudence,* dont nous avons promis de développer la doctrine, conteste sans doute ces résultats et démontre leur fausseté? Nullement. Se fondant sur son principe, qui est que le texte de la loi ne peut servir que de point de départ à des recherches historiques qui doivent le justifier ou l'infirmer, elle prétend que la codification est inutile et impossible, et raisonne de la manière suivante (1) :

1° La loi étant fondée sur les usages qu'elle ne fait que reproduire, ce sont ces usages qu'il faut étudier pour connaître le véritable sens de la loi. La codification ne devant pas proscrire l'empire de l'usage, est donc inutile.

2° Les usages étant variables, comme les besoins de la société, il est impossible de les saisir dans un moment quelconque; il est donc impossible de les réunir en code : on ne peut que les étudier historiquement.

15. Hâtons-nous d'abord de le dire, le jurisconsulte français professe un respect trop profond pour le texte littéral de la loi, dont il examine et compare soigneusement chaque mot et chaque expression, afin d'en découvrir le véritable sens, craint trop de substituer ses raisonnements à la volonté du législateur,

---

(1) Cette argumentation est l'analyse de l'ouvrage de M. de Savigny : Vom Beruf.

son équité prétendue aux dispositions de la loi et l'étude des antiquités de l'histoire à celle des lois, pour accepter les principes de l'école historique.

16. Mais puisqu'il faut nous placer un instant sur le terrain de cette école, pour la combattre, tout en reconnaissant avec elle, dans sa première proposition, que les lois sont fondées sur les usages, qu'une législation qui serait imposée à un peuple, sans s'appuyer sur cette base, serait une absurdité; devons-nous en conclure également que les usages prévaudront sur la loi? que dans un conflit entre la loi et l'usage, celui-ci devra l'emporter? Le but principal d'une loi positive n'est-il pas précisément, au contraire, d'établir un droit fixe, certain, à la place d'usages vagues et indéterminés? Et s'il est vrai, comme le rapporte la deuxième proposition, que les usages soient variables comme les besoins de la société, devons-nous en conclure qu'ils sont insaisissables? Mais il faudrait prouver que la société change à chaque instant de manière d'exister; ce qui n'est pas. Du reste, la Coutume elle-même, par cela seul qu'on lui donne ce nom, n'indique-t-elle pas une série de faits semblables, fixes et constants qui excluent toute idée de variation, quoique de légères différences puissent se faire remarquer? Ces simples raisonnements suffisent pour démontrer l'erreur de l'*Ecole historique :* la codification n'est donc pas inutile ou impossible.

17. M. de Savigny, dans l'ouvrage dont nous avons parlé, appelle les exemples au secours de la logique, et critique les législations de Prusse, d'Autriche et surtout de France, comme ne présentant pas les règles d'un bon système de codification. Portons d'abord notre attention sur la législation française,

contre laquelle, du reste, M. de Savigny a dirigé ses plus violentes attaques.

18. Que reproche donc M. de Savigny à notre législation, car il faut, avant de répondre, exposer ses griefs? Sans nous arrêter au reproche d'ignorance que le savant Prussien croit être en droit d'adresser à nos législateurs, parce qu'ils ne savaient distinguer les véritables caractères des *res mancipi* et du *jus publicum* (1), abordons immédiatement la partie la plus importante de la discussion à laquelle il se livre (2). « Outre les codes, dit-il, la jurisprudence française renvoie à six autres sources de décisions : 1° équité naturelle, droit naturel ; 2° droit romain ; 3° anciennes coutumes ; 4° usages, exemples, décisions, jurisprudence ; 5° droit commun, et 6° principes généraux, maximes, doctrine, science. » En présence d'autant de connaissances auxiliaires au droit français, de quel avantage peut être, demande M. de Savigny, cette législation positive et sanctionnée ? quelle sera l'autorité comparative de ces diverses sources du droit ?

19. Malgré tout le respect dont nous sommes pénétré pour M. de Savigny, il nous est impossible de reconnaître à ce raisonnement l'ancien conseiller à la Cour de cassation de Berlin,

---

(1) M. de Savigny adresse le premier reproche à Maleville, et le deuxième à l'illustre Portalis. Vom Beruf, p. 61 et 62. Leur œuvre, essentiellement pratique, les protége suffisamment contre un reproche purement théorique sur le droit romain.

(2) Vom Beruf, p. 74.

pour les provinces rhénanes, où le droit français s'applique encore. Qui ne sait, en effet, qu'un des principes fondamentaux de notre législation est l'abrogation des lois romaines, coutumes, usages, dans les matières traitées par les codes, et que dans les autres, s'il est permis de recourir à l'une de ces sources, on ne pourra jamais déférer à la cour suprême la décision intervenue comme renfermant une violation de la loi qu'il s'agissait d'appliquer (1)? Qui ne sait encore que l'équité, le droit naturel, la jurisprudence, le droit commun, les maximes, la science, ne prévaudront jamais contre la lettre de la loi que la cour suprême a seule mission de protéger? La loi seule doit donc être observée et connue, et si d'autres connaissances sont cependant exigées des jurisconsultes, ce n'est qu'à titre d'étude et d'enseignement, et non comme parties intégrantes de la législation.

20. M. de Savigny est donc complétement dans l'erreur sur l'étendue de notre législation, et ses reproches tombent à faux. Il nous en coûte cependant de mettre sa science en doute : peut-être n'a-t-il cédé qu'aux inspirations d'un patriotisme outré, car il ne pardonne pas facilement à la législation française d'a-

---

(1) Voir pour le Code civil, loi du 30 ventôse an XII, art. 9, et discussion du 19 même mois. Code de procédure civile, art. 1041; Code de commerce, loi 15 sept. 1807; Code pénal, art. 484; Code forestier, art. 218. C'est, il est vrai, spécialement pour le Code civil et dans la discussion sur ce code que cette règle a été formulée, mais on n'a jamais douté qu'elle ne dût s'étendre à tous.

voir dominé en vainqueur dans une grande partie de la Prusse, et de s'être maintenue sur les bords du Rhin, malgré tous les efforts faits pour renforcer en tout et partout l'esprit germanique. (Deutschen Wesen und deutschen Sinn (1).)

21. Nous avons parlé des Codes français dans l'article précédent, et nous venons de faire connaître les principes qui garantissent leur inviolabilité contre les empiétements de la jurisprudence, des jurisconsultes et des usages. Nous ne reviendrons pas sur ce qui a déjà été dit; mais tout en exprimant, ce que tout le monde reconnaît, que les Codes français sont un modèle de codification, nous ne nous dissimulons pas qu'on peut leur reprocher, entre autres choses, d'être incomplets. Ainsi les matières qui font l'objet des six codes ne s'y trouvent pas toujours traitées dans toutes leurs parties, il faut encore recourir à d'autres lois qui n'y ont pas été incorporées; d'un autre côté des portions importantes de la législation demandent à être codifiées.

22. La résolution prise depuis quelques années d'insérer les lois nouvelles dans les codes à la place des textes qu'elles abrogent, en forme d'*Authentiques*, nous garantira pour l'avenir du premier défaut. Mais quant au second, il est probable qu'il subsistera tant que notre système de confection des lois ne

---

(1) Expressions de M. de Savigny, actuellement ministre de la justice en Prusse pour la partie législative, dans un mémoire sur la question d'un nouveau code pénal pour les provinces Rhénanes, par lequel il repousse l'idée d'élaborer le projet de code sur les bases de la législation française.

changera pas, tant que les projets de lois, exposés à l'improvisation d'amendements le plus souvent en contradiction avec leurs principes, s'ils ne le sont pas avec l'ensemble des codes, pourront être démembrés et adoptés partiellement.

23. Jusqu'à ce changement, il sera presque inutile de songer à compléter notre législation, à la doter d'un *Code de droit des gens*, renfermant toutes les règles de droit international, d'un *Code politique* renfermant non-seulement la constitution du pays, mais encore toutes les lois qui concernent les droits des citoyens; d'un *Code administratif*, réunissant tous les principes généraux de l'administration et les règles applicables à chacune de ses branches; d'un *Code militaire*, d'un *Code colonial*, d'un *Code rural*; jusque-là, disons-nous, nous devrons sans doute renoncer à l'ensemble d'une codification complète et à tous les bienfaits qui en seraient la suite.

24. Disons quelques mots maintenant sur les législations étrangères qui ont été codifiées, car c'est répondre par des faits au système de M. de Savigny et de l'Ecole historique. La France, il faut bien le reconnaître, n'est pas en effet la première qui soit entrée dans la voie des réformes législatives.

25. La Bavière et la Prusse l'y avaient déjà précédée. Dès 1751, un Code criminel avait été publié dans le premier pays; un Code judiciaire et un Code civil, connu sous le nom de *Codex Maximilianus*, y parurent ensuite, l'un en 1753 et l'autre en 1756. L'auteur de ces codes, le baron de Kreittmeyer, était surtout animé du désir de mettre fin aux divergences des tribunaux, et son travail présente plutôt un traité de jurisprudence, donnant la solution de questions controversées, qu'un

code proprement dit. Aussi les états de Bavière demandent instamment qu'on leur présente un projet de Code civil, en même temps qu'un projet de Code pénal et de commerce.

26. Le Code général prussien (1), redigé par Samuel Coceji, n'a été publié qu'en 1794, quoique les travaux en aient commencé en même temps que ceux du Code bavarois. Le reproche qui lui est justement adressé, reproche que M. de Savigny a voulu mal à propos étendre à la législation française, c'est de ne former qu'un droit subsidiaire aux coutumes et statuts régissant chaque province, et applicable seulement dans le silence de ceux-ci. Au point de vue matériel du travail, ce Code présente encore des défauts graves; il entre dans trop de détails et de développements, les espèces y dominent plus que les principes. Ces défauts sont du reste la conséquence du but de son auteur, qui, préoccupé de l'abus des procès et de l'avidité de ceux qui en vivent, prétendait prévoir tous les cas et rendre ainsi inutile la science du droit. Cette idée philanthropique ne paraît pas avoir réussi, et l'insuffisance, la confusion que présente la législation sont telles qu'une commission a été instituée pour la réviser et la compléter. M. de Savigny a été chargé de présider à ces travaux législatifs, dont il a proclamé si haut l'inutilité et l'impossibilité. Nous pensons bien que l'opinion de l'homme d'état sera tout autre que celle de l'historien et du jurisconsulte

(1) Ce code, traduit en français par l'ordre du gouvernement en l'an XI, n'a cependant fourni à notre législation que les principes et les formalités de l'adoption et de la tutelle officieuse.

théorique, et que la législation qui sortira de ses mains ne justifira pas ce passage de Meyer (page 165, *De la codification*) : « Ce sont les auteurs qui s'attachent plus à une vétille de l'ancienne Rome qu'à une loi importante de nos jours, les professeurs qui mettent leur gloire à enseigner, au lieu de jurisprudence pratique, la littérature, les antiquités et l'histoire, qui ont fait perdre en Prusse, et même dans toute l'Allemagne, la véritable idée de ce que doit être la législation. »

27. L'Autriche vient aussi protester énergiquement contre la prétention de M. de Savigny, sur l'impossibilité et l'inutilité d'une législation codifiée. Dès 1753, Marie-Thérèse avait senti toute l'importance d'un tel travail et avait chargé une commission de s'en occuper; mais les premiers essais ne furent pas heureux, et les événements politiques en empêchèrent longtemps la continuation. Il fut enfin repris au commencement de ce siècle; et terminé par les soins du conseiller Zeiller, il reçut en 1810 la sanction souveraine.

28. Le Code civil autrichien est bien supérieur à ses devanciers, en Bavière et en Prusse, quoique M. de Savigny lui reproche de n'être qu'une paraphrase des Institutes de Justinien. (Vom Beruf, pages 97 et suiv.). Cette supériorité est due sans doute aux sages prescriptions de l'impératrice Marie-Thérèse, qui avait ordonné : 1° de s'abstenir de tout développement doctrinal; 2° d'avoir surtout en vue les contestations les plus fréquentes; 3° d'employer une grande clarté d'expression; 4° de se régler plutôt sur l'équité naturelle que sur les principes du droit romain; 5° de simplifier les lois et de ne pas entrer avec trop de subtilité dans les détails. Si même on eût suivi égale-

ment partout la volonté de Marie-Thérèse, nous n'hésitons pas à dire que le Code autrichien serait encore supérieur à celui de France. Un fait aussi bien remarquable, et qu'on ne s'attendait pas à trouver dans ce code, c'est la garantie de la liberté religieuse, la tolérance et l'égalité envers tous les cultes. Pour terminer cet éloge du Code autrichien, il suffira de dire que quoique d'un dixième moins étendu que celui de Prusse, il embrasse cependant, par la généralité de ses principes, beaucoup plus de cas que ce dernier.

29. La Russie a aussi son Code général ou coordination méthodique et ecclectique appelé Svod, composée de huit parties, rédigées sous la direction de M. de Spéransky et mises en vigueur le 1er janvier 1835. Ce travail, commencé par l'ordre de Pierre le Grand, a été constamment l'objet de la sollicitude de ses successeurs qui l'ont confié successivement à plus de dix commissions. Au moment de sa confection, la législation russe se composait de trente-cinq mille actes, dont moitié n'appartenait plus qu'à l'histoire. Ce Code est indépendant de la collection générale, appelée Sobranie, contenant par ordre chronologique les ukases, traités, circulaires et les principaux arrêts civils et criminels. Cette collection, qui peut être assez exactement comparée au *Bulletin des Lois* de France, a été publiée avec une table alphabétique des matières, de 1828 à 1832, en cinquante-six volumes in-8°.

30. Nous passons sous silence les Codes dérivés plus ou moins de la législation française, et dont il a été parlé du reste au titre de l'introduction des Codes français dans les pays étrangers ; tels sont les Codes de Belgique, de Hollande, de Naples,

de Sardaigne, etc., qui se distinguent généralement par les principes d'un bon système de codification. Nous en avons, certes, dit assez pour démontrer l'erreur dans laquelle est tombée M. de Savigny, et tout le monde reconnaîtra sans doute avec nous que la codification n'est pas impossible, qu'elle n'est pas inutile, que les peuples qui en jouissent s'en applaudissent, que ceux qui sont encore plongés dans les ténèbres d'une législation coutumière la désirent et béniront comme un bienfaiteur celui qui répondra dignement à ce vœu légitime. Nous contesterait-on, par hasard, la vérité de cette dernière assertion, que les peuples qui n'ont pas de législation codifiée, en réclament les avantages? Qu'on lise, pour s'en convaincre, les réponses faites par divers peuples de l'Amérique, par les cortès d'Espagne, de Portugal, par l'empereur Alexandre, aux propositions de codification à eux adressées par le célèbre Jérémie Bentham, dont toute la vie a été consacrée à des réformes législatives, et qui a ambitionné la gloire de joindre son nom aux législateurs de tous les peuples. Ne sait-on pas, pour n'en citer qu'un exemple, que dans les cortès de Portugal sa proposition fut reçue, non pas seulement avec approbation, mais avec enthousiasme? qu'il y eut un décret formel de remercîments dans les termes les plus flatteurs pour le premier des publicistes, et qu'il fut ordonné que ses ouvrages seraient traduits en portugais pour l'instruction publique? (Jérémie Bentham, *De l'organisation judiciaire et de la codification*, trad. par Dumont, p. 323 et suiv.)

31. Nous ne terminerons pas ce travail sans résumer les règles généralement reconnues, comme devant assurer une bonne codification. Les ouvrages auxquels a donné naissance la ques-

tion que nous venons de traiter, ont rendu cette tâche facile.

32. Bentham indique seulement quatre qualités désirables dans un Code (1). Il faut 1° qu'il soit fondé sur l'*utilité générale*, qu'il consacre le plus grand bien du plus grand nombre; 2° qu'il embrasse toutes les obligations légales auxquelles le citoyen doit être soumis, qu'il soit complet ou remarquable par son *intégralité*; 3° qu'il réunisse les plus grandes conditions de *cognoscibilité*, c'est-à-dire qu'il soit mis à la portée de tout le monde; et 4° que chaque loi soit accompagnée d'un commentaire raisonné contenant la justification de la loi, *sa justifiabilité*.

Ces qualités présentent, comme on le voit, les caractères généraux d'un bon système de codification, caractères qu'on pourrait appeler extrinsèques par opposition à ceux qui doivent présider à la composition même d'un Code. Toutefois la nécessité des trois premières qualités seulement nous semble incontestable; la dernière nous paraît plus difficile à admettre, parce que s'il est vrai que toute loi doit être fondée en raison, et qu'il est du devoir du législateur de faire connaître ses motifs, nous devons craindre qu'un commentaire raisonné, analysant chaque disposition, ne soit mis à la place de la loi. Ne serait-ce pas d'ailleurs faire enseigner la doctrine par le législateur?

33. Les qualités que nous appellerons intrinsèques ou relatives à la composition même d'un Code sont beaucoup plus nombreuses (2).

---

(1) *De l'Organisation judiciaire et de la Codification*, p. 333.

(2) V. *Revue de Législation*, t. 6.

1° La loi ne doit établir que des principes généraux, doit négliger les espèces et les individus, prévoir le genre, les règles et non les cas;

2° Se borner aux seuls principes généraux, sans chercher à les expliquer par des exemples ou les compléter par des détails;

3° La loi ne doit contenir que des propositions, des commandements; elle ordonne ou défend: Legis virtus hæc est imperare, vetare, l. 7, Dig., *De legibus*; les préambules, raisonnements et justifications ne peuvent entrer dans son texte: Dic quid me velis fecisse, non disco sed pareo. (Sénèque.)

4° Éviter les définitions purement scolastiques: Omnis definitio in jure est periculosa, parùm est enim ut non subverti possit. Javolenus, l. 202, Dig., *De reg. jur.*; n'admettre que celles 1° qui confèrent un droit ou en déterminent la portée; 2° qui réforment ou complètent la langue usuelle; 3° qui sont impératives ou sacramentelles; 4° rejeter les distinctions et divisions à moins qu'elles ne soient limitatives, et contiennent ainsi une disposition législative.

6° Éviter l'emploi des mêmes mots dans des acceptions différentes, comme aussi l'emploi de termes variés pour exprimer le même objet.

7° Le style doit être clair; 8° précis; 9° concis; 10° le législateur doit éviter le morcellement de la pensée, fondre dans un dispositif unique ce qui est homogène.

11° Opérer la liaison des articles interprétatifs, non par la reproduction du contenu, mais par un simple renvoi.

34. Telles sont les conditions extrinsèques et intrinsèques

d'un bon système de codification : aucune législation ne les possède complétement, mais jusqu'ici la législation française est incontestablement celle qui réunit les plus essentielles et qui approche le plus de la perfection.

FIN.

TABLE ANALYTIQUE

D'APRÈS

L'ORDRE DES MATIÈRES.

TABLE ANALYTIQUE

D'APRÈS L'ORDRE DES MATIÈRES.

Préface.

1. Définition du mot *Code*, dans le droit français et romain.

2. Sens restreint de ce mot. En jurisprudence, on s'entend généralement pour ne donner ce titre qu'aux lois que le législateur a ainsi qualifiées, comme les six recueils appelés Code civil, Code de procédure civile, Code de commerce, Code d'instruction criminelle, Code pénal et Code forestier.

3. Division de l'ouvrage.

ART. 1er. — § 1er. — DROIT ANCIEN. — RECUEILS DES LOIS ANTÉRIEURES AUX CODES.

4. Diversité de la législation ancienne : les coutumes au nord, le droit écrit au midi. Cause de cette diversité. Louis XI, le premier, forme le projet d'établir l'uniformité des lois. Note première, indication du nombre des coutumes. Note seconde, les établissements de saint Louis et la rédaction des coutumes ne sont pas inspirés par le désir de l'uniformité des lois.

5. Henri III reprend la conception de Louis XI. Barnabé Brisson, d'après les ordres du roi, publie un recueil d'ordonnances en vigueur et de projets de nouvelles lois, sous le titre de Basilique ou Code Henri III.

6. Sous le règne de Louis XIII paraît le *Code Michaud* ou Marillac.

7. Sous le règne de Louis XIV paraissent les ordonnances remarquables de 1667, 1669, 1670, 1673, 1681 et le Code noir de 1685.

8. Sous celui de Louis XV, les ordonnances de 1731, 1735, 1737, 1738 et 1747.

9. Ces ordonnances, recueillies dans le *Code Louis*, furent appliquées dans la France entière, à l'exception de la Lorraine, qui suivait un Code particulier, le *Code Léopold*.

10. Les ordonnances remarquables, sous Louis XVI, sont

celles de 1779 et 1780. En note : Renseignements historiques sur la *Collection des ordonnances du Louvre.*

§ 2. *Droit intermédiaire. Essais de codification.*

11. Influence de la révolution sur la réforme des lois. Fameuse nuit du 4 août 1789.

12. Loi du 16-24 août 1790. Son importance. Elle promet, par l'art. 19 du tit. 2, un Code général de lois simples, claires et appropriées à la constitution. La constitution de 1791 renouvelle cette promesse.

13. La constitution de 1793 dit : « Le Code des lois civiles et criminelles est uniforme pour toute la république. » Cambacerès fait successivement deux rapports sur le projet de Code civil. Discussion sans résultat.

14. Troisième projet présenté par Cambacerès sous l'empire de la constitution de l'an III. La discussion est ajournée par suite des événements de brumaire an VIII.

15. Projet partiel présenté par Jacqueminot, au nom de la commission du conseil des cinq cents. Constitution de l'an VIII. Gouvernement consulaire.

16. Tendance des lois révolutionnaires. On doit se féliciter des essais infructueux faits à cette époque.

ART. 2. — CODE CIVIL.

§ 1er. *Travaux préparatoires.* — Composition. Promulgation.

17. Bonaparte, premier consul, nomme une commission composée de Tronchet, Portalis, Bigot-Préamenu et Maleville pour rédiger un projet de Code civil. Ce projet, terminé en quatre mois, est rendu public, soumis à l'examen du tribuual de cassation et des tribunaux d'appel et discuté au Conseil d'état. Mode de la discussion. Présentation de chaque projet de loi au corps législatif et au tribunat. Les trois premiers projets sont rejetés par suite de l'opposition du tribunat. Le gouvernement retire l'ensemble de ses projets.

18. Des communications officieuses sont organisées entre le Conseil d'état et le tribunat. Reprise de la discussion du projet de Code civil. Toutes les lois, composant le Code civil, décrétées dans les années XI et XII (1803-4) sont immédiatement et séparément rendues exécutoires.

19. Loi du 30 ventôse an XII. Réunion des lois civiles en un seul corps, sous le titre de Code civil des Français. Division du Code. Abrogation des lois antérieures.

§ 2. — DES MODIFICATIONS APPORTÉES AU CODE CIVIL DEPUIS SA PROMULGATION.

20. Le Code civil n'est pas trois ans sans recevoir de modifications.

21. Loi du 24 mars 1806, sur le transfert des rentes appartenant à des mineurs ou interdits. Dérogation aux art. 457, 458 et 484.

22. L'art. 834 du Code de procédure civile modifie, à la date

du 1er janvier 1807, l'art. 2166. Note sur l'importance de cette modification.

23. Le 3 septembre 1807, le Code civil des Français prend le titre de Code Napoléon.

24. Cette loi du 3 septembre 1807 supprime le § 3 de l'art. 17, modifie l'art. 427, ajoute à l'art. 896, retranche l'art. 2261 et dédouble l'art. 2260, pour ne point faire de lacune.

25. Les termes républicains sont remplacés, en vertu de cette même loi, par des termes monarchiques. Influence de ces changements sur les dispositions mêmes du Code.

26. Autres modifications, sur l'art. 1907, résultant d'une autre loi du 3 septembre 1807 ; sur l'art. 2123, résultant d'une loi du même jour; sur l'art. 2148, résultant d'une loi du 4 septembre 1807 ; sur l'art. 2210, résultant de la loi du 14 novembre 1808.

27. La charte de 1814, art. 68, confirme le Code civil.

28. La loi du 8 mai 1816 abolit le divorce.

29. Nouvelle édition du Code civil pour remplacer les termes rappelant le gouvernement impérial, par d'autres plus conformes au nouveau gouvernement.

30. Ordonnances des 27 novembre 1816 et 18 janvier 1817 sur la promulgation des lois et ordonnances.

31. La loi du 14 juillet 1819 abolit le droit d'aubaine.

32. La loi du 5 mars 1822 crée des officiers de l'état civil spéciaux pour les lazarets; la loi du 17 mai 1826 étend le système des substitutions et abroge les art. 1048, 1049 et 1050.

33. La charte de 1830, art. 59, confirme le Code civil.

34. L'art. 374 est modifié par l'art. 31 de la loi du 21 mars 1832; l'art. 164 par la loi du 16 avril 1832; l'art. 896 par la loi du 12 mai 1835; les art. 910, 937 et 2045 par la loi du 18 juillet 1837; les art. 1644 et 1648 par la loi du 20 mai 1838; les art. 503 et 504 par la loi du 30 juin 1838.

35. Résumé.

§ 3. — BULLETIN BIBLIOGRAPHIQUE FRANÇAIS ET ÉTRANGER.

36. Restriction de la matière, et renvoi, pour les ouvrages français, à la Bibliothèque choisie des livres de droit de M. Dupin aîné.

37. Pour les ouvrages étrangers, c'est-à-dire allemands, renvoi au traité de Gustave Hugo.

38. Et à l'ouvrage plus moderne de Enslin publié par Engelman en 1840.

Bulletin bibliographique français.

39. *Travaux préparatoires du Code civil.* — Conseil. Auteurs cités. Favard de Langlade, Poncelet, Fenet, Locré, Bousquet, Crussaire, Jouanneau et Solon.

40. *Code civil annoté.* — Auteurs cités. Paillet, Sirey (J.-B.) Teulet, d'Auvilliers et Sulpicy.

41. *Code civil conféré avec le droit ancien et nouveau.* — Auteurs cités. Biret, Dard, Dupin, Waldeck-Rousseau, Lahaye, G.-D. Arnold, Berthelot, Delvincourt, Dufour, Gibault, H. B. Gin, Leclercq, Perreau.

42. *Code civil conféré avec le droit étranger.* — Auteur cité. Anthoine de Saint-Joseph.

43. *Traités élémentaires.* — Auteurs cités. Berriat Saint-Prix (Félix), Boileux, Delvincourt, Demante, Gousset, Marcadé, Mazerat, Rogron, Carré.

44. *Commentaires et traités généraux.* — Auteurs cités. Coin-Delisle, Duranton, Duvergier, Locré, Maleville, Proudhon, Valette, Bugnet, Richelot, Taulier, Toullier, Troplong.

Bulletin bibliographique étranger.

45. *Traités élémentaires.* — Auteurs cités. Bauer (Ant.), Bergmann (Fr.-Ch.), Bücher (Karl.-Fr.-Fd.), Spangenberg (E.-P.-J.).

46. *Commentaires et traités généraux.* — Auteurs cités. Almendingen (L.-Larch. d'), Bülow (G. Ph. de), Dabelow (Ephr. de), Grolmann (Car.-L.-G. de), Haupt (Ch.-Ehr), Lassaulx (Fr. de), Spangenberg (E.-P.-J.), Schmid (Ch.-E.), Zachariæ (C.-S.).

ART. 3. — CODE DE PROCÉDURE.

§ 1er. — COMPOSITION, HISTOIRE ET PROMULGATION.

47. Objet du Code de procédure civile.

48. Division du Code de procédure civile. Sa mise en vigueur date du 1er janvier 1807.

49. Plan du Code de procédure.

50. La loi du 16-24 août 1790, art. 1er du tit. 20, disait : « Que le Code de la procédure civile serait réformé, de manière qu'elle soit rendue plus simple, plus expéditive et moins coûteuse. »

51. Droit ancien sur la procédure civile. Ordonnances de 1667, 1684 et 1736.

52. Loi du 19 octobre 1790, art. 2. Maintien provisoire de la procédure ancienne. Les avoués remplacent les procureurs. Loi du 11 février 1791.

53. Constitution de 1793. Décret du 24 octobre 1793. Suppression de la procédure et des avoués.

54. Loi du 27 ventôse an VIII et arrêté du 18 fructidor. Bonaparte rétablit les avoués et provisoirement la procédure ancienne.

55. Arrêté consulaire du 3 germinal an X nommant une commission composée de Treilhard, Try, Séguier, Berthereau et

Pigeau, pour rédiger un projet de Code de Procédure civile. Discussion et composition. Abrogation des lois anciennes sur la matière.

§ 2. — MODIFICATIONS APPORTÉES AU CODE PROCÉDURE CIVILE DEPUIS SA PROMULGATION.

56. Le Code de procédure civile est soumis à la même révision que le Code civil en vertu de la loi du 3 septembre 1807 et de l'ordonnance royale du 17 juillet 1816. Édition nouvelle en 1842.

57. Le Code de commerce, mis en vigueur le 15 septembre 1807, déroge par son art. 643 à l'art. 436 du Code de procédure civile.

58. Un décret inconstitutionnel du 2 février 1811 dérogeait à l'art. 735. Note sur les décrets inconstitutionnels rendus sous l'empire.

59. La loi abolitive du divorce abroge seulement l'art. 881.

60. Depuis 1830, les réformes sur la procédure sont fréquentes.

61. La loi du 17 avril 1832 a modifié les art. 798, 800 et 804.

62. La loi du 25 mai 1838 modifie les art. 4, 16, 17, 20 et 821; celle du 2 juin 1841 a été substituée aux titres 12 et 13, première partie du livre 5, et aux titres 6 et 9, deuxième partie

du livre 2; et celle du 24 mai 1842 forme le titre 10 auquel elle a été substituée.

63. Résumé.

BULLETIN BIBLIOGRAPHIQUE FRANÇAIS ET ÉTRANGER.

Bulletin bibliographique français.

64. *Travaux préparatoires.* — Auteurs cités. Favard de Langlade, Locré.

65. *Code de procédure annoté.* — Auteurs cités. Paillet, Sirey, Teulet.

66. *Traités élémentaires.* — Auteurs cités. Auger (L.), Demiau-Crouzillac, Carré, Pigeau, Rogron.

67. *Commentaires et traités généraux.* — Berriat-Saint-Prix, Bioche, Boitard, Boncenne, Carré, Lepage, Pigeau, Rauter, Rodière, Thomines-Desmazures.

Bulletin bibliographique étranger.

68. *Commentaires et traités généraux.* — Auteurs cités. Dabelow (L.-G. d'), Dalwigk (Ch.-Fr.-Aug.-Ph. de), Kulenkamp (E.-J.), Lehzen (L. Ad.), Mittermaïer (Ch.-J.-Ant.), Müller (C.-S.), Rappart (Fr.-G. de), Rosenthal (J.-G.-Aug.), Salchow (J.-Eh.), Schleink (J.-H.).

ART. 4. — CODE DE COMMERCE.

§ 1er. — COMPOSITION, HISTOIRE ET PROMULGATION.

69. Objet et division du Code de commerce.

70. Sources du droit commercial.

71. Droit ancien. Ordonnances de 1673 et 1681.

72. Révision de la législation commerciale. Par arrêté du 13 germinal an IX, Bonaparte nomme une commission pour la préparation d'un projet de Code de commerce. Incertitude du besoin de cette révision; suspension du travail de la commission.

73. Reprise de ce travail nécessité par des faillites scandaleuses.

74. Le projet, préparé par la commission de germinal an IX, est soumis aux chambres et tribunaux de commerce, aux tribunaux d'appel et de cassation, et discuté à la section de l'intérieur du Conseil d'état.

75. Discussion au corps législatif et au tribunat, comme pour les autres Codes. Le Code de commerce, promulgué le 15 septembre 1807, n'est mis en vigueur que le 1er janvier 1808. Abrogation des lois antérieures. Sens de cette abrogation.

§ 2. — MODIFICATIONS APPORTÉES AU CODE DE COMMERCE DEPUIS SA PROMULGATION.

76. Changements apportés par le Code de commerce à l'ancien droit. Ils sont peu considérables.

77. La première modification faite à ce Code résulte de la loi du 19 mars 1817, qui interprète les art. 115 et 160.

78. La loi du 31 mars 1833 rectifie les art. 42 et 46.

79. La loi du 20 mai 1838 est entièrement substituée au livre troisième et modifie les art. 13, 69 et 635.

80. La loi du 3 mars 1840 modifie les art. 639, 646, 623, 627, 617 et 622.

81. La loi du 14 juin 1841 modifie les art. 216, 234 et 298. Il a été donné, le 1er janvier 1841, une nouvelle édition du Code de commerce. Résumé.

Bulletin bibliographique français et étranger.

Bulletin français.

82. *Travaux préparatoires.* — Auteurs cités : Favard de Langlade, Locré.

83. *Code de commerce annoté.* — Auteurs cités : Paillet, Sirey et Teulet.

84. *Code de commerce conféré avec le droit étranger.* — Auteur cité : Anthoine de Saint-Joseph.

85. *Traités élémentaires.* — Auteurs cités : Bravard-Veyrieres, Delvincourt, Pardessus, Rogron, Sautayra.

86. *Commentaires et traités généraux.* — Auteurs cités : Boulay-Paty, Fremery, Goujet et Merger, Maugeret, Mongalvy et Germain, Pardessus, Vincens.

Bulletin étranger.

87. *Traités élémentaires.* — Auteurs cités : Broicher et Grimm, Fahnenberg, Schiebe et Thilo.

ART. 5. — CODES D'INSTRUCTION CRIMINELLE ET PÉNAL.

§ 1er. — COMPOSITION, HISTOIRE, PROMULGATION.

88. Ces deux Codes sont ordinairement désignés sous l'expression de Code criminel. Objet et division de chacun d'eux.

89. Législation criminelle ancienne. Ordonnances de 1539 et 1670.

90. Barbarie de l'ordonnance de 1539.

91. Arbitraire du pouvoir à cette époque.

92. Critique de l'ordonnance de 1670.

93. Elle autorise l'arbitraire de la part des juges.

94. C'est à eux-mêmes qu'elle confie le soin de vérifier s'il y a des nullités dans la procédure qu'ils ont faite et dirigée.

95. Droit pénal proprement dit. Énumération des peines. Note première, sur l'arbitraire des peines; note seconde sur les peines spéciales aux régicides.

96. Louis XVI réforme la législation criminelle dans ses domaines, et nomme une commission pour préparer des améliorations générales. L'assemblée des états-généraux arrête le travail de cette commission.

97. La loi des 8 et 9 octobre 1789 commence la réforme de la législation criminelle.

97 *bis*. Détail des améliorations résultant de la loi précitée.

98. La loi du 16-24 août 1790 établit le jury en matière criminelle.

99. La police municipale et correctionnelle est organisée par la loi du 19 juillet 1791 ; la police de sûreté, la justice criminelle et le jury par la loi des 16-29 septembre de la même année; un Code pénal est aussi décrété les 25 septembre-6 octobre 1791.

100. Critique du Code pénal de 1791.

101. Le 3 brumaire an IV, le *Code des délits et peines* vient remplacer le précédent sans apporter beaucoup de changements.

102. Le 7 germinal an IX une commission est nommée pour rédiger le projet d'un Code criminel. Le projet est publié et soumis aux observations des tribunaux.

103. La discussion commence au Conseil d'état le 2 prairial an XII. Questions fondamentales, mises en discussion.

104. Napoléon propose de réunir à la justice civile la justice criminelle confiée alors à des tribunaux particuliers. Adoption de la proposition.

105. Interruption et exposé de la discussion.

106. Le projet originaire est divisé en deux Codes, l'un pour l'instruction criminelle, l'autre pour la pénalité. Discussion définitive au commencement de 1810.

107. Il n'y a pas eu pour ces Codes communication au tribunat, supprimé en 1807.

108. Les Codes d'instruction criminelle et pénal ne sont mis en vigueur que le 1er janvier 1811.

§ 2. — MODIFICATIONS APPORTÉES AUX CODES D'INSTRUCTION CRIMINELLE ET PÉNAL.

109. Principes despotiques de la législation criminelle de l'empire.

110. Continuation du même sujet. Établissement de cours spéciales, abus de la peine de mort, usage de la confiscation, de la mutilation corporelle et de la marque. Un *minimum* et un *maximum* sont cependant fixés pour l'appplication de la peine.

111. Continuation du même sujet. Décrets inconstitutionnels établissant la peine de mort, et autorisant l'arbitraire des conseils de guerre.

112. Revers de Napoléon. Reproches du sénat et du corps législatif. La charte de 1814 rassure la liberté individuelle et abolit la confiscation générale des biens.

113. Lois transitoires et réactionnaires de la restauration.

114. Lois des 17 et 26 mai 1819 sur la liberté de la presse. Leur influence sur les deux Codes d'instruction criminelle et pénal.

115. Améliorations résultant de la loi du 25 juin 1824 qui établit le système des circonstances atténuantes.

116. La loi du 28 juillet 1824 déroge aux art. 142 et 143 du Code pénal. Loi du 28 avril 1825 sur le sacrilége.

117. Loi du 2 mai 1827 sur le jury.

118. Charte de 1830. Abolition des cours prévôtales.

119. Depuis 1830, les réformes criminelles sont fréquentes.

120. Loi des 8 octobre 1830 et 8 avril 1831 sur les délits et la procédure en matière de presse.

121. Des modifications résultent soit pour le Code d'instruction criminelle, soit pour le Code pénal, des lois du 10 décembre 1830, 4 mars 1831 et 17 avril 1832.

122. Loi du 28 avril 1832. Les modifications qu'elle apporte à l'un et à l'autre Code sont nombreuses et importantes. Modifications spéciales au Code d'instruction criminelle.

123. L'omnipotence du jury est consacrée par la nouvelle loi.

124. Modifications spéciales au Code pénal.

125. Modifications postérieures à la loi du 28 avril 1832, et

résultant 1° de la loi du 24 mars 1834; 2° de la loi du 10 avril 1834, et 3° des trois lois du 9 septembre 1835. Résumé.

BULLETIN BIBLIOGRAPHIQUE FRANÇAIS ET ÉTRANGER.

Bulletin français.

126. *Travaux préparatoires.* — Auteurs cités : Favard de Langlade, Locré.

127. *Codes d'instruction criminelle et pénal annotés.* — Auteurs cités : Paillet, Sirey et Teulet.

128. *Traités et commentaires.* — Auteurs cités : Bavoux, Berriat-Saint-Prix, Boitard, Carnot, Chauveau Adolphe et Faustin-Hélie, Duverger, Grattier, Legraverend, Pigeau, Rauter, Rogron, Rossi.

Bulletin étranger.

129. *Traités et commentaires.* — Auteurs cités : Klenze (Cl.-Aug.-C.), Jarke (C.-Er.), Kratzer (Ed.-N.), Mittermaïer (Ch.-J.-A.), Müller (G.-S.), Rosenthal (J.-G.-A.), Terlinden (R.F.).

ART. 6. — CODE FORESTIER.

§ 1er. — COMPOSITION, HISTOIRE, PROMULGATION.

130. Objet et division du Code forestier.

131. Droit ancien. Ordonnance de 1669. La juridiction des eaux et forêts est supprimée par la loi du 25 décembre 1790. Loi incomplète des 15-29 septembre 1791 sur les forêts. L'article 4 du titre 15 promet une loi plus étendue.

132. Ce n'est qu'en 1823 qu'on s'occupe de répondre à la promesse de la loi précitée. Essais d'un projet de Code forestier par les soins d'une commission. Le projet est publié et soumis aux observations des tribunaux, conseils généraux et conservateurs des forêts.

133. Discussion à la chambre des députés et à la chambre des pairs. La loi est sanctionnée le 21 mai 1827.

134. Différence entre le Code forestier et l'ordonnance de 1669. Ordonnance du 1er août 1827.

135. Les eaux et la chasse ne sont pas traitées dans le Code forestier.

§ 2. — MODIFICATIONS APPORTÉES AU CODE FORESTIER.

136. Mise en vigueur du Code forestier. Restriction relative aux art. 106 et 107.

137. Une loi du 8 mai 1837 a abrogé les art. 25 et 26 qui ont été remplacés, et a modifié les art. 20 et 27.

138. Résumé.

§ 2. — BULLETIN BIBLIOGRAPHIQUE FRANÇAIS.

139. *Traités et commentaires.* — Auteurs cités : Baudrillard, Brousse, Chauveau, Coin-Delisle et Frédéric, Curasson, Dupin, Gagnereaux, Meaume et Rogron.

ART. 7. — DE L'APPLICATION DES CODES DANS LES COLONIES.

140. Énumération des colonies françaises.

141. Les colonies considérées sous le rapport constitutif et administratif. Chartes de 1814 et 1830. Loi du 24 avril 1833.

142. L'ordonnance de 1685 est encore appliquée à la population esclave. Droit ancien réglant les rapports civils des hommes libres.

143. Les modifications subies par nos Codes dans les colonies ont en général pour cause la ligne de séparation entre les blancs et les noirs, distinction abolie par la loi du 24 avril 1833, concernant l'exercice des droits civils et politiques.

Publication tardive aux colonies.

144. Martinique. — On y applique le Code civil depuis 1805. Les autres Codes y ont été publiés successivement et y sont suivis, à l'exception du Code de commerce.

145. Guadeloupe. — Le Code civil y est aussi appliqué depuis 1805. Les autres Codes sont aussi suivis dans cette île.

146. Bourbon. — En 1805, le Code civil y a été aussi promulgué et successivement les autres Codes.

147. La Guiane. — Le Code civil a été appliqué en 1805 et à diverses époques les autres Codes.

148. Établissements français dans l'Inde. — Tous les Codes français y sont en vigueur seulement depuis 1819. On applique aux Indiens la loi du pays.

149. Iles Saint-Pierre et Miquelon. — Tous les Codes y sont suivis depuis 1833.

150. Sénégal. — Le Code civil y a été appliqué par arrêté local du 5 novembre 1830, et les autres Codes successivement.

151. Possessions françaises de l'Afrique. — Tous les Codes y sont suivis pour les Français et les lois musulmanes pour les indigènes.

152. Iles Marquises. — Ordonnance du 28 avril 1843.

ART. 8. — INTRODUCTION DES CODES FRANÇAIS DANS LES PAYS ÉTRANGERS.

153. Tendance de notre droit résultant de l'esprit national français.

154. La chute de Napoléon a arrêté l'envahissement de notre droit sur l'Europe.

155. Objet de cet article.

156. Avertissement.

157. Allemagne. — Les villes anséatiques suivirent le droit français en 1810. La ville libre de Dantzick l'appliquait déjà depuis 1808.

158. Arenberg (principauté d'). — Le Code civil y est mis en vigueur en 1808.

159. Bade (grand-duché de). — Les Codes civil et de commerce y sont publiés en 1810.

160. Bavière (royaume de). — Le droit français, appliqué en 1806, n'a été conservé que dans la Bavière rhénane.

161. Berg (grand duché de). — La législation française, appliquée en 1809, y a été conservée.

162. Francfort (grand duché de). — Le Code civil y est mis en vigueur en 1811.

163. Hesse-Darmstadt (grand duché de). — Le Code civil est

encore en vigueur dans les provinces rhénanes, où il a été promulgué pendant la domination française.

164. Kœthen-Anhalt (grand duché de). — Le Code Napoléon est mis en vigueur en 1811.

165. Nassau (grand duché de). — Le Code y est appliqué depuis 1812.

166. Varsovie, Cracovie. — Les différents Codes promulgués en 1810 y sont généralement encore en vigueur.

167. Westphalie (royaume de). — En 1807, mise en vigueur du Code Napoléon.

168. Belgique. — La Belgique était, en 1804, lors de la confection du Code Napoléon, réunie à la France.

169. Espagne. — Essais infructueux pour la réception de notre législation.

170. Grèce. — Depuis 1821, on y applique notre Code de commerce.

171. Hollande. — Le Code civil y est promulgué en 1809 par Louis Napoléon. Réunion à la France en 1810.

172. Iles Ioniennes. — Influence de notre législation sur celle de ces îles.

173. Italie. — Promulgation du Code civil en 1806.

174. Deux-Siciles. — Les Codes français sont publiés en 1809.

175. Gênes. — Réunion à la France en l'an XIII.

176. Lucques. — Application du Code Napoléon en 1809.

177. Parme, Plaisance, Guastalla. — Réunion à la France en 1808.

178. Sardaigne (royaume de). — Réunion à la France en 1798.

179. Toscane (duché de). — Réunion à la France en 1808.

180. Suisse. — Influence des lois françaises sur les Codes d'Argovie et de Vaud.

181. Amérique. — Haïti. Notre législation y est adoptée, puis remplacée.

182. — Louisiane. — Dès 1808, on y appliquait le projet de Code civil.

183. Résumé.

DISSERTATION SUR LA CODIFICATION.

1. Définition.

2. Tendance de notre époque.

3. Le travail de la codification paraît s'opérer partout où il y a désordre et confusion dans la législation.

4. Cause de la codification des lois romaines, françaises et autres.

5. De la codification en Angleterre.

6. Elle est réclamée par tous les bons esprits.

7. L'Espagne, le Portugal, les États-Unis demandent aussi la réforme des lois. Elle est, en Allemagne, l'objet de l'attention du jurisconsulte.

8. Avantages de cette tendance pour la paix entre les peuples.

9. L'école historique de la jurisprudence s'est formée pour la combattre.

10. Avantages de la codification pour l'unité nationale.

11, 12. Autres avantages.

13. Il vaut mieux demander des lois au pouvoir législatif qu'à un simple jurisconsulte.

14. Principes de l'École historique.

15. Le jurisconsulte français ne peut les accepter.

16. Réfutation de ces principes.

17, 18. Reproches adressés par M. de Savigny aux rédacteurs de nos Codes. Sa critique de la législation française.

19. Réfutation.

20. Erreur de M. de Savigny.

21. La législation française n'est cependant pas parfaite.

22, 23. Lacunes et besoins de la législation française.

24. La codification n'est pas inutile ou impossible comme le prétend M. de Savigny.

25, 26. Exemple de la Bavière et de la Prusse.

27, 28. Exemple de l'Autriche.

29. Exemple de la Russie.

30. Autres exemples. Tous les peuples plongés dans les ténèbres d'une législation coutumière, désirent la codification.

31. Règles d'un bon système de codification.

32. Règles extrinsèques de Bentham.

33. Règles intrinsèques ou relatives à la composition intérieure d'un Code.

34. Résumé.

TABLE

DES NOMS CITÉS DANS L'OUVRAGE.

TABLE

DES NOMS CITÉS DANS L'OUVRAGE.

Aguesseau (d'), 15, 18, 19.
Albigny (d'), 76.
Albisson, 85.
Alexandre, 137.
Almendingen, 49, 52, 53.
Ancre (maréch. d'), 76.
Anthoine de St-Joseph, 44, 45, 71, 125.
Arnold, 44.
Aubry, 54.
Auger, 61.
Auvilliers (d'), 42, 43.
Auzannet, 17.
Baudrillart, 101.
Bauer, 51.
Bavoux, 93.
Beine (comte de), 76.
Bentham, 121, 123, 137 138.
Bergmann, 52.
Berlier, 83, 85.
Berriat-St-Prix (père), 54, 62, 83, 91, 93.

Berriat-St-Prix (Félix), 45.
Berthelot, 44.
Berthereau, 58.
Bigot-Préameneu, 22, 24, 25, 30, 40, 83.
Bioche, 62.
Biret, 43.
Blanchard, 49.
Blondel, 82.
Boileux, 45.
Boitard, 62, 93.
Bonaparte-Napoléon, 22, 24, 27, 30, 41, 57, 68, 69, 83, 85, 111, 115, 118.
Bonaparte (Louis), 111, 114.
Bonaparte (Joseph), 116.
Boncenne, 63.
Bonnier, 16.
Boulay-Paty, 72.
Bourbeau, 63.
Boursier, 68.
Bousquet, 41.
Bravard-Veyrières, 72.
Brisson (Barnabé), 16.
Bréquigny (de), 19.
Broicher, 73.
Brougham, 123.
Brousse, 101.
Bücher, 52.
Bugnet, 50.
Bülow, 52.
Cambacérès, 21, 22, 23, 24.
Camus, 38, 51.
Carette, 42.
Carnot, 93.
Carré, prof., 61, 63.
Carré, 47.
Carteret, 5.
Chabot (de l'Allier), 47.
Charles VII, 15.
Châtillon (l'amiral de), 76.
Chauveau (Adolphe), 63, 93, 101.
Clercq (de), 125.
Cocceji, 134.
Coin-Delisle, 46, 47, 48, 101.
Colbert, 17, 67.
Commines (Ph. de), 16.
Cormenin, 108.
Coulomb, 68.
Cretet, 68.
Crivelli, 63.
Crussaire, 42.
Cujas, 43.
Curasson, 101.
Dabelow, 52, 64.
Dalloz, 62.
Dalwigk, 64.
Damiens, 78.
Dard, 43.
Decrusy, 19.

Delvincourt, 31, 32, 44, 45, 72.
Demante, 46, 47.
Demiau-Crouzillac, 61.
Despeisses, 77.
Devilleneuve, 42, 62.
Dufour, 44.
Dumont, 137.
Dumoulin, 75.
Dupin, 15, 38, 43, 51, 62, 101, 102.
Duranton, 31, 32, 48.
Dustarlet, 17.
Duverger, 94.
Duvergier, 48, 51, 59, 94.
Eichhorn, 125.
Engelmann, 39.
Enslin, 39.
Fahnenberg, 74.
Falck, 121.
Faure, 85.
Faustin-Hélie, 93, 94.
Favard de Langlade, 31, 40, 43, 61, 71, 92.
Fenet, 41.
Ferrière, 15.
Fleury, 15, 16.
Floret, 49.
Fœlix, 125.
Fouché (Victor) 125.
Foucher, 61.
Fourcroy, 17.
Frederick, 101.
Frémery, 72.
Gagnereaux, 101.
Galli, 83.
Germain, 73.
Gibault, 44.
Gladbach, 49.
Gœschen, 125.
Gorneau, 68.
Goujet, 73.
Gousset, 46.
Grattier, 94.
Grégoire, 11.
Grenier, 31, 32.
Grimm, 73.
Grolmann, 52, 53.
Guise (duc de), 76.
Hasse, 125.
Haupt, 53.
Henri III de France, 16.
Henri III d'Angleterre, 124.
Hermogène, 11.
Homère, 6.
Hugo, 38.
Huys, 125.
Isambert, 19.
Jacqueminot, 22.
Jarke, 95.

Javolenus, 139.
Jouanneau, 42.
Jourdan, avocat, 19.
Jourdan, docteur en médecine, 38.
Jousse, 77, 78.
Justinien, 11, 43, 122.
Klense, 95.
Kratzer, 95.
Kreitmeyer, 133.
Kulenkamp, 65.
Laboulaye, 8.
Lahaye, 44.
Lamoignon, 17, 19, 76.
Lassaulx, 53.
Laurière (de), 19.
Lebrun, 22.
Leclercq, 44.
Legras, 68.
Legraverend, 94.
Lehzen, 65.
Léopold (duc), 18.
Lepage, 63.
Linage (de), 62.
Locré, 41, 48, 61, 71, 92.
Louis IX, 15.
— XI, 15, 16, 126.
— XIII, 16.
— XIV, 17, 67, 69.
— XV, 18.
— XVI, 18, 79, 80.
Louis XVIII, 33.
Lucas Championnière, 61, 63.
Makintosch, 123.
Maleville, 22, 25, 29, 49, 130.
Marcadé, 46.
Marie-Louise, 70, 116.
Marie-Thérèse, 135, 136.
Marillac, 16.
Massé, 32.
Maugeret, 73.
Mazerat, 47.
Meaume, 101, 102.
Merger, 73.
Merlin, 11, 31, 32, 43, 85.
Meyer, 135.
Michaud, voy. Marillac.
Michelet, 3, 108.
Mittermaïer, 65, 95.
Mongalvy, 73.
Montesquieu, 14, 28, 57.
Mourgues, 68.
Müller, 65, 96.
Muraire, 85.
Murat, 111, 116.
Napoléon, voy. Bonaparte.
Onslow, 123.
Othon, 114.
Oudard, 82.
Paillet, juge, 42, 61, 71, 92.
Paillet, avocat, 62.

Papinien, 78.
Papon, 77.
Parant, 89.
Pardessus, 19, 72, 73, 114.
Pastoret, 19.
Pellat, 121.
Perreau, 44.
Pierre le Grand, 136.
Pigeau, 47, 61, 63, 94.
Poyet (le chancelier), 75.
Poncelet, 39, 40, 45, 61, 63.
Portalis (Etienne), 21, 23, 24, 25, 122, 130.
Portalis (Frédéric), 122.
Pothier, 15, 43, 46, 50, 55.
Poujol, 32.
Proudhon, 49.
Pussort, 17.
Rappart, 65.
Rau, 54.
Rauter, 64, 94.
Ravaillac, 78.
Réal, 85.
Revel, 83.
Richelot, 50.
Rodière, 64.
Rogron, 47, 62, 72, 94, 102.
Romilly, 123.
Rosenthal, 65, 96.
Rossi, 34, 94.
Salchow, 66.
Salvandy, 8.
Santayra, 72.
Savary, 17.
Savigny, 125, 128, 129, 130, 131, 132, 133, 134, 135, 137.
Schiebe, 73, 74.
Schmid, 53.
Scleink, 66.
Sebire, 5.
Secousse, 19.
Séguier, 57.
Senèque, 139.
Sicard, 83.
Sirey, 32, 42, 61, 71, 74, 92.
Solon, 42.
Spangenberg, 52, 53.
Spéransky, 136.
Stickel, 49.
Sulpicy, 42, 43.
Taillandier, 19.
Target, 82.
Taulier, 50.
Tavannes, 76.
Taylor, 123.
Tenaille, 50.
Terlinden, 96.
Teulet, 42, 43, 61, 71, 92.
Théodose II, 11.
Thibaut, 126.

Thilo, 42, 74.
Thomas, 15.
Thomines-Desmazures, 64.
Toullier, 31, 32, 48, 49, 50, 51, 63.
Treilhard, 57, 58, 82, 83, 85.
Tribonien, 122.
Tronchet, 22, 24, 25.
Troplong, 46, 51.
Try, 57.
Valette, 49, 50.
Vatimesnil (de), 62.
Vazeille, 32.
Victor (Emmanuel), 116.
Viellard, 86.
Vignon, 68.
Villevault (de), 19.
Virgile, 6.
Vital-Roux, 68.
Vincens, 73.
Voltaire, 15.
Waldek-Rousseau, 44.
Walker, 19.
Wehrs, 63.
Wendt (de), 93.
Zachariæ, 48, 50, 53, 54.
Zeiller, 135.

www.ingramcontent.com/pod-product-compliance
Ingram Content Group UK Ltd.
Pitfield, Milton Keynes, MK11 3LW, UK
UKHW031848260826
14628UKWH00002B/661

9 782019 642624